Presenteado a

____

por

____

Data

____

Livro de Histórias Bíblicas de Jesus

Todas as histórias sussurram seu nome

DEDICATÓRIA

Para Harry, Olívia, Emily, Eleanor e Jonathan
Por que algumas histórias realmente tornam-se realidade!
SLJ

Para Alex, minha amada esposa. Sem sua ajuda eu
nunca poderia ter completado este livro.
Jago

Livro de Histórias Bíblicas de Jesus

Todas as histórias sussurram seu nome

ESCRITO POR SALLY LLOYD-JONES & ILUSTRADO POR JAGO

CPAD

Título do original em inglês: The Jesus Storybook Bible
Zondervan, Grand Rapids, EUA
Primeira edição em inglês: 2007
Tradução: Marcela Brum

Revisão: Alexandre Coelho
Adaptação de Capa, Projeto Gráfico e Editoração: Wagner de Almeida

ISBN: 978-85-263-0947-0

As citações bíblicas foram extraídas da versão Almeida Revista e Corrigida, edição de 1995, da Sociedade Bíblica do Brasil, salvo indicação em contrário.

Para maiores informações sobre livros, revistas, periódicos e os últimos lançamentos da CPAD, visite nosso site: http://www.cpad.com.br

SAC – Serviço de Atendimento ao Cliente: 0800-21-7373

Casa Publicadora das Assembléias de Deus
Caixa Postal 331
20001-970, Rio de Janeiro, RJ, Brasil

1ª edição/2008

Agradecimentos

"Não que eu tenha te escolhido,
Oh Senhor, isso não poderia acontecer;
Este coração ainda te rejeitaria,
Caso tu não tivesses me escolhido...

Meu coração não pertence a ninguém além de ti,
Por sua rica graça eu anseio;
Ao saber que eu te amo
É porque tu tens me amado primeiro."

Josiah Conder, 1836

Eu tenho uma enorme divida de gratidão para com algumas pessoas sem as quais não poderia ter feito este livro. Para o Dr. Timothy Keller, cujos ensinos são histórias, e a quem peço liberalmente emprestado: Por sua sabedoria, por dar-me um vocabulário da fé e por abrir os meus olhos para a maravilhosa graça de Deus.

Aos meus pais, que foram os primeiros a me contarem a história quando eu tinha quatro anos de idade – e para Hanner, que a incorporou. Para todos os meus amigos de Zondervan – a admirável Kris, e especialmente para minha editora, Catherine, que encomendou o projeto e o manteve vivo. Para nosso dedicado time externo – Julie e Linda. Para o brilhante Jago – que privilégio trabalhar com você (Eu sou sua maior fã). Para os Keiths, os Brownes, Paul, por sempre me dar um lugar confortável para escrever. Para Todd e Laura, e minha paciente família e amigos – vocês sabem quem vocês são! – que oraram por mim. E, claro, todas as coisas para aquEle que está em minha vida – toda a glória vai para Ele. — SLJ

Sumário

Do Antigo Testamento

A História e a Música 12
O Princípio: um Lar Perfeito 18
A Terrível Mentira 28
Um Novo Começo 38
Uma Gigantesca Escadaria para o Céu 48
O Filho das Gargalhadas 56
O Presente 62
A Menina que Ninguém Queria 70
O Príncipe Perdoado 76
O Deus que Socorre! 84
Deus Abre um Caminho 92
Dez Maneiras para Ser Perfeito 100
O Líder Guerreiro 108
O Pequeno, Suposto... Verdadeiro Rei 116
O Jovem Herói e o Terrível Gigante 122
O Bom Pastor 130
A Menina Serva e o General Orgulhoso 136
Operação "Sem mais Lágrimas!" 144
Daniel e a Preocupação Assustadora 152
Mensagem de Deus 160
Preparem-se! 170

Do Novo Testamento

Ele Está Aqui! 176
A Luz de Todo o Mundo 184
O Rei dos reis 192
Céu Aberto 200
Vamos! 208
Uma Pequena Menina e uma Pobre Frágil Senhora 214
Como Orar 222
O Cantor 228
O Capitão da Tempestade 236
Está Cheio! 244
Caça ao Tesouro! 250
O Amigo das Criancinhas 256
O Homem que não Tinha um Amigo (Nenhum) 264
Saiu Correndo 272
Lavado com Lágrimas 280
O Rei que Servia 286
A Escuridão da Noite no Jardim 294
O Sol Pára de Brilhar 302
A Maravilhosa Surpresa de Deus 310
Indo para Casa 318
Deus Envia Ajuda 326
Uma Nova Maneira de Ver 334
Um Sonho do Céu 342

Citações

"Jesus disse: 'Eu sou o princípio e o fim.'"

Apocalipse 22.13 (paráfrase)

"E começando por Moisés e por todos os profetas,
explicava-lhes o que dele se achava
em todas as escrituras."

Lucas 24.27 (NIV)

"Jesus disse: 'Deus amou o mundo de tal maneira que deu o seu filho unigênito, para que todo aquele que nele crê não pereça, mas tenha a vida eterna. Porque Deus enviou seu filho ao mundo não para que condenasse o mundo, mas para que o mundo fosse salvo por ele.'"

João 3.16,17 (paráfrase)

"Jesus disse: 'Eu sou a luz que vim ao mundo, para que todo aquele que crê em mim não permaneça nas trevas.'"

João 12.46 (paráfrase)

"O Senhor enxugará as lágrimas de todos os rostos."

Isaías 25.8

"Eu sentia sempre a vida, primeiro como se fosse uma história, e se há uma história, há um contador."

G K Chesterton

A História e a Música

Introdução do Salmo 19 e Hebreus 1

Os céus manifestam a
glória de Deus, e o firmamento
anuncia a obra das suas mãos.
"Veja o que Deus tem feito!"
Um dia faz declaração a outro dia...
E uma noite mostra sabedoria a outra noite...
Eles estão falando para nós.

Salmos 19.1,2 (paráfrase)

Deus escreveu: "Eu te amo!" Ele escreveu no céu, e na terra, e debaixo do mar. Ele escreveu esta mensagem em todo lugar! Deus criou todas as coisas em seu mundo para refleti-lo como um espelho. Para nos mostrar como Ele é, para nos ajudar a conhecê-lo, para fazer nossos corações cantarem. Ele se mostra no modo como um gatinho persegue sua cauda, como papoulas vermelhas crescem selvagens e como um golfinho nada.

E Deus se exprimiu em palavras, e as colocou em um livro chamado "a Bíblia".

Algumas pessoas pensam que a Bíblia é um livro de regras, dizendo a você o que deve ou não deve fazer. A Bíblia tem realmente algumas regras. Elas mostram a você como ter uma vida melhor. Mas a Bíblia não fala essencialmente sobre você e o que você está fazendo. Ela fala sobre Deus e o que Ele está fazendo.

Outras pessoas pensam que a Bíblia é o livro dos heróis, mostrando pessoas que você deve imitar. Na Bíblia há alguns heróis, mas (Como você descobrirá logo) a maioria das pessoas da Bíblia não são heróis. Alguns deles cometeram grandes erros (às vezes de propósito). Eles tinham medo e saíam correndo. Em alguns casos, algumas das pessoas que aparecem na Bíblia eram muito más.

História

A Bíblia não é um livro de regras, ou um livro de heróis. A Bíblia é, em sua maior parte, uma linda história. É uma história de aventuras de um jovem herói que veio de um lugar distante para ganhar de volta o seu tesouro perdido. É uma história de amor sobre um príncipe valente que deixou seu palácio, seu trono – tudo – para salvar alguém que Ele ama. É a mais maravilhosa das história que se tornou verdade!

Vejam vocês que a melhor coisa sobre esta história é que ela é verdadeira.

Existem muitas histórias na Bíblia, mas todas elas estão contando uma história ainda maior: a história de como Deus ama seus filhos e vem salvá-los.

Leva a Bíblia inteira para contar esta história. E no meio da história, há um bebê. Todas as histórias da Bíblia sussurram seu nome. Ele é como a peça perdida de um quebra-cabeça – a peça que faz todas as outras peças se encaixarem, e de repente você consegue ver uma bela imagem.

E este não é um bebê comum. Esta é a criança da qual tudo dependeria. Esta é a criança que virá um dia. Mas espere. Nossa história começa onde todas as boas histórias começam. Exatamente bem no começo...

O princípio: um lar perfeito

A música da criação, de Gênesis 1-2

NO PRINCÍPIO, não havia nada.

Apenas o vazio. E a escuridão. E... nada mais que nada.

Mas Deus estava lá. E Deus tinha um plano maravilhoso. "Eu acabarei com esta escuridão" – Deus disse – "E eu irei preenchê-la!"

Ao invés da escuridão, eu irei fazer a luz! E ao invés do nada eu irei fazer...TODAS AS COISAS!"

Como uma mamãe pássaro bate suas asas em cima dos seus ovos para ajudar a chocar seus filhotinhos, Deus flutuou por cima do abismo, da escuridão silenciosa. Ele estava fazendo a vida aparecer.

Deus disse: "Luz, apareça!" E a luz brilhou na escuridão. Deus chamou a luz, "Dia" e a escuridão "Noite". "Vocês são bons!" — disse Deus. E eles eram.

Então Deus disse: "Terra, apareça!" E lá se esparramou pelos oceanos — vieram precipícios, montanhas e praias arenosas. "Vocês são bons!" — Deus disse. E eles eram. "Árvores, apareçam!" Deus disse. "Grama e flores, apareçam"!

E todas as coisas em todo lugar explodiram em vida. Ele fez botões de flores aparecerem, brotos brotarem, flores florescerem. "Vocês são bons!" — Deus disse. E eles eram.

Deus disse: "Estrelas, apareçam!" "Sol, lua, apareçam!" E zumbindo na escuridão vieram globos de fogo — dando voltas e voltas — nas cores laranja e roxo, girando, e planetas dourados. "Vocês são bons" — Deus disse. E eles eram.

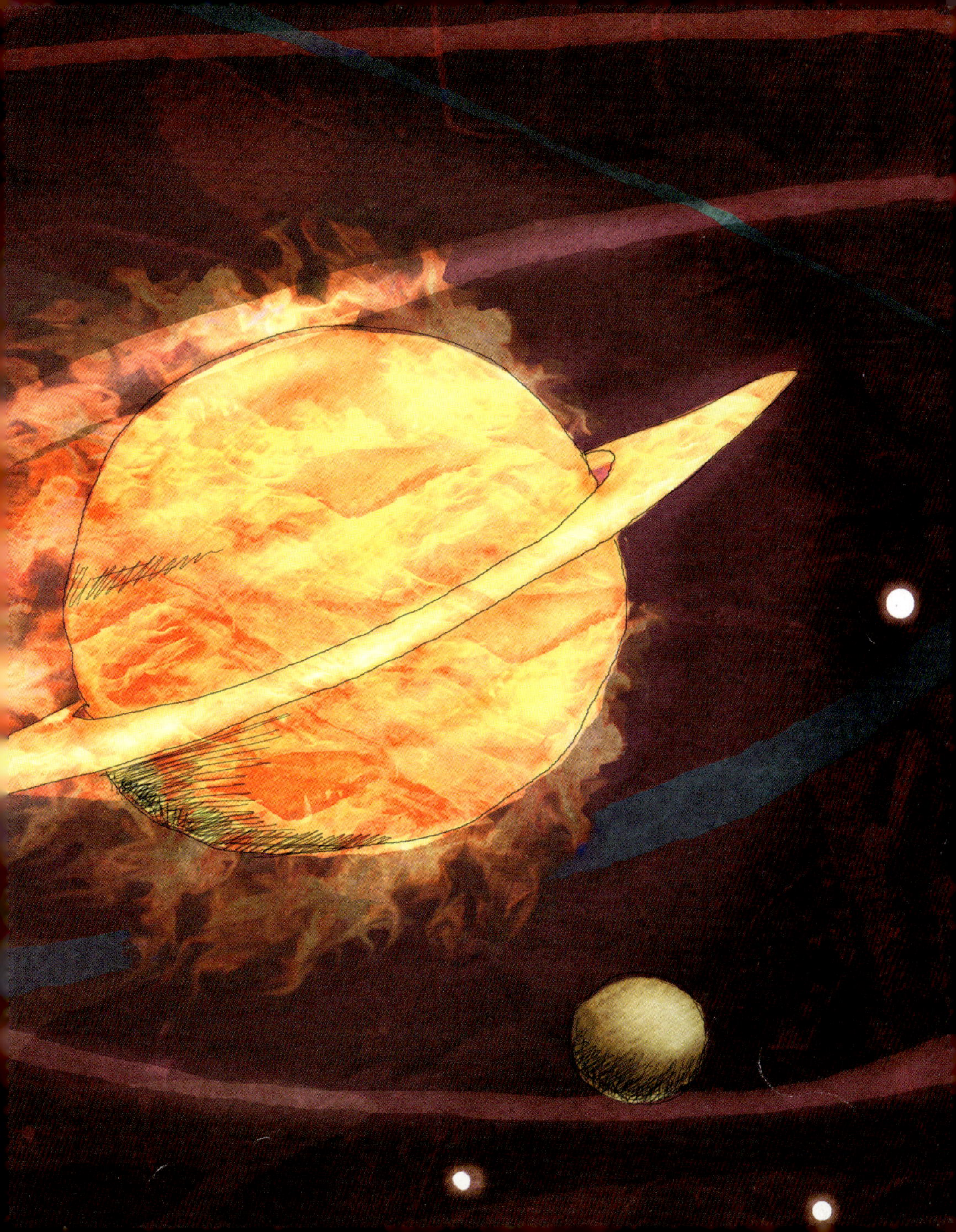

"Pássaros, apareçam!" Deus disse. E tremulantes, agitando-se, gorjeando e cantando, pássaros enchiam os céus.

"Peixes, apareçam!" — Deus disse. E saltando, nadando em ziguezague e batendo uns nos outros, os peixes encheram o mar! "Vocês são bons" — Deus disse. E eles eram.

Então Deus disse: "Animais, apareçam!" E todos eles saíram para brincar. A terra estava cheia de barulhos ruidosos e rosnados, e mordidinhas, esbravejando e bufando felizes. "Vocês são bons!" — Deus disse. E eles eram.

Deus viu tudo o que tinha feito, e amou o que fez. E a sua criação era linda porque Ele amava tudo o que criou.

Mas Deus deixou o melhor por último. Desde o começo Deus tinha um desejo brilhando em seu coração. Ele faria pessoas para compartilhar sua felicidade para sempre. Eles seriam seus filhos, e o mundo seria seu lar perfeito.

Então Deus soprou o fôlego da vida em Adão e Eva. Quando eles abriram seus olhos, a primeira coisa que viram foi a face de Deus.

E quando Deus os viu, Ele foi como um Pai para eles.

"Vocês se parecem comigo!" — Ele disse. "Vocês são as coisas mais lindas que eu já fiz!"

Deus os amou de todo o seu coração. E eles eram graciosos porque Deus os amava.

E Adão e Eva uniram-se na canção das estrelas e do vento, tocando nas árvores a maravilhosa música do amor para aquEle que os fez.

Seus corações estavam cheios de alegria. E nada os fazia ficar tristes, solitários, doentes ou com medo.

Deus olhou para tudo que Ele tinha feito. “Perfeito!” E era mesmo.

Mas todas as estrelas e montanhas, e oceanos e galáxias, e todas as coisas eram nada se comparado ao quanto Deus amava seus filhos. Ele moveria céus e terra para estar perto deles.

E então foi assim que a maravilhosa história começou...

A terrível mentira

Adão e Eva perderam todas as coisas, de Gênesis 3

ADÃO E Eva viviam alegremente juntos em seu belo e novo lar. E tudo era perfeito — por um tempo.

Até o dia em que tudo deu errado, quando apareceu Satanás. Satanás tinha sido um dia o mais belo anjo, mas ele não quis ser apenas um anjo — ele queria ser Deus. Ele cultivou o orgulho e a maldade, e era cheio de ódio. Deus teve de mandá-lo para fora do céu. Satanás estava fervendo de raiva e procurou uma maneira de atingir a Deus. Ele quis impedir o plano de Deus, parar aquela história de amor ali mesmo. Então, Satanás entrou em uma cobra e esperou no jardim.

Deus tinha dado para Adão e Eva apenas uma regra: "Não comam a fruta daquela árvore!" — Deus disse. "Porque se vocês comerem, vocês pensarão que sabem tudo. Vocês deixarão de confiar em mim. E então a morte e a tristeza e as lágrimas virão."

(Vejam vocês, Deus sabia que se eles comessem a fruta, eles pensariam que não precisariam mais dEle. E eles tentariam fazer a si mesmos felizes sem Ele. Mas Deus sabia que não existiria tal felicidade sem Ele, e a vida sem Ele não seria uma vida completa.)

Assim que a cobra viu sua chance, ela escorregou silenciosamente até Eva. "Deus realmente ama você?" — A serpente sussurrou. "Se Ele te ama, porque não deixa você comer esta agradável, suculenta e deliciosa fruta? Pobrezinha, talvez Deus não queira que você seja feliz!"

As palavras da cobra entraram nos ouvidos de Eva e afundaram profundamente em seu coração, como veneno. "Deus me ama?" — Eva desejava saber. De repente Eva não sabia mais.

"Apenas confie em mim!" — A serpente sussurrou. "Você não precisa de Deus. Uma pequena mordida já basta, e você será mais feliz do que já pode sonhar..."

Eva pegou a fruta e comeu um pedaço. E Adão comeu um pedaço também.

E uma terrível mentira entrou no mundo, para nunca mais sair. E essa mentira viveria em todo coração humano, sussurrando para todos os filhos de Deus: "Deus não me ama!"

E isto não era um sonho. Era um pesadelo. Uma pomba voou das mãos de Adão. Um cervo correu para uma moita. Era como se eles estivessem amedrontados com alguma coisa. Havia uma frieza no ar. Algo estranho estava acontecendo. Eles sempre estiveram nus — mas agora sentiram-se nus e errados. E agora eles não queriam que ninguém mais os visse. Então eles se esconderam.

Mais tarde, naquela noite, quando Deus estava fazendo seu passeio, Ele os chamou. "Filhos?"

Adão e Eva normalmente amariam ouvir a voz de Deus e correriam para encontrar com Ele. Mas desta vez eles correram dEle e esconderam-se nas sombras.

"Onde estão vocês?" — Deus chamou.

"Estamos nos escondendo" — disse Adão. "Nós estamos com medo de você!"

"Vocês comeram da fruta que eu disse para vocês não comer?" — Deus perguntou a eles.

Adão disse: "Eva me fez fazer isto!"

"O que você fez?" Deus perguntou.

Eva disse: "A serpente me fez fazer isto!"

E uma terrível dor veio dentro do coração de Deus. Seus filhos tinham quebrado a única regra. Eles tinham ferido o coração de Deus. Eles quebraram seu maravilhoso relacionamento com Ele. E agora eles sabiam que tudo mais que se quebraria. A criação de Deus começaria a desfibrar-se, ficaria arruinada e iria se destruir. Embora tudo tivesse sido preparado para durar para sempre, de agora em diante tudo morreria.

Vejam vocês, o pecado veio para dentro do perfeito mundo de Deus. E nunca sairia. Os filhos de Deus estariam sempre correndo para longe dEle e escondendo-se na escuridão. Seus corações escureceriam agora, e nunca trabalhariam corretamente outra vez.

Deus não deixaria seus filhos viverem para sempre, não em tal dor, e não sem Ele. Só haveria um modo de protegê-los.

"Vocês terão que deixar o jardim agora!" — Deus disse a seus filhos, com os olhos bem tristes. "Este já não é mais seu verdadeiro lar. Este lugar não é mais para vocês!"

Mas antes deles saírem do jardim, Deus fez roupas para seus filhos, para cobri-los. Ele gentilmente os vestiu, e então os enviou a um longa, longa viagem — fora do jardim, fora do seu lar.

Bem, em outra história, tudo terminaria e este teria sido...

O Fim.

Mas não nesta história.

Deus amava muito os seus filhos para deixar que a história terminasse ali. Embora Ele soubesse que sofreria, Deus tinha um plano — um plano magnífico. Um dia Ele teria seus filhos de volta. Um dia Ele faria o mundo ser o perfeito lar deles outra vez. E um dia Ele limparia toda lágrima dos seus olhos.

Vejam vocês, apesar de tudo, Deus ama muito seus filhos. E este amor não pára nunca, nunca desiste, não se interrompe, e para sempre os ama.

E embora eles esquecessem de Deus e corressem dEle, em seus corações, e de forma profunda, os filhos de Deus sentiriam sempre sua falta. E por muito tempo estes filhos perdidos desejariam seu lar.

Antes que eles saíssem do jardim, Deus sussurrou uma promessa para Adão e Eva: "Não será sempre assim! Eu virei salvá-los! E quando eu fizer, eu irei lutar contra a serpente. Eu os libertarei do pecado, das trevas e da tristeza que vocês deixam aqui. Eu voltarei para vocês!"

E Ele iria. Um dia, o próprio Deus voltaria.

Um novo começo

A arca de Noé, de Gênesis 6—9.

O TEMPO passou e muitas pessoas encheram a terra. Todo mundo, em todos os lugares, tinha se esquecido de Deus e só faziam coisas erradas o tempo todo.

O coração de Deus encheu-se de dor quando viu o que tinha acontecido no mundo que Ele amava. Em todos os lugares havia doença, morte e destruição — Deus odiava todas estas coisas.

Mas Noé era amigo de Deus (isso era estranho naqueles dias porque ninguém mais era amigo de Deus). Noé ouvia Deus. Ele falava com Deus. Ele amava estar com Deus, como você ama estar com seu melhor amigo.

"Noé!" — Deus disse — "As coisas deram errado. As pessoas estão enchendo o meu mundo com ódio ao invés de amor. Eles estão se destruindo... e destruindo a cada um... e ao meu mundo. Eu tenho que pará-los. Primeiro, nós construiremos uma arca!" (Você sabe como construir uma arca? Nem Noé sabia. Felizmente, Deus sabia e mostraria para ele.)

alimentos?
roupas?

"Uma tempestade virá!" — Deus disse a Noé. "Mas eu salvarei vocês. Eu prometo. Eu enviarei animais para vocês — que rastejam e engatinham, que escorregam e galopam, que pulam, saltam e sobem. E não esqueça de pegar comida para todos!"

A tempestade estava vindo para lavar todo ódio e doenças, e todas as coisas que estavam erradas, e para limpar o mundo outra vez. Deus tinha pensado em uma maneira de deixar Noé a salvo, mas Noé teria que confiar em Deus e fazer exatamente o que Deus disse a ele.

Então Noé construiu uma arca. Ela deveria ser um barco muito grande.

Os vizinhos de Noé vieram para assistir... e apontar... e rir, porque eles não acreditavam no que Noé dizia sobre o barco... ou a tempestade... ou da necessidade de se salvarem. Noé deve ter parecido bastante tolo. Seu barco estava no deserto, e nenhuma parte do deserto é próximo ao mar, e não havia nem mesmo uma nuvem no céu. Porque alguém iria precisar de um guarda-chuva, ou de um barco?

Mas Noé não prestava atenção no que as pessoas pensavam. Ele prestava atenção ao que Deus pensava. Então ele fez exatamente o que Deus disse para ele fazer.

Quando a arca estava pronta, Deus disse: "Todos a bordo!" e a família de Noé e todos os animais subiram para dentro da arca.

Então Deus fechou a porta.

E começou a chover — por alguns minutos, e depois por algumas horas, que depois por alguns dias, e que se tornaram várias semanas. E a chuva formou poças, que se transformaram em rios, que se transformaram em lagos, e que se transformaram em uma enchente que cobriu o mundo inteiro.

O barco deles, que antes parecia ser tão grande, de repente parecia muito pequeno. Mas em meio a essa enorme tempestade, com as ondas batendo, e em meio aos raios e a todos os trovões — do início ao fim de tudo — Deus estava com eles. E Deus os manteve salvos por 40 longos dias e 40 longas noites.

Finalmente, a chuva parou. Veio o sol e Noé abriu todas as janelas. "Viva!" — todos gritaram.

Noé soltou sua pomba para observar, e sem demora, ela trouxe para ele uma folha de oliveira fresca. Todos sabiam exatamente o que isto significava: ela havia encontrado uma árvore — e terra! A água estava baixando.

Finalmente, o barco pousou por completo no topo de uma grande montanha.

Assim que estavam salvos, Deus disse: "Venham para fora!" — e então eles saíram. Todos pularam e dançaram na terra seca.

A primeira coisa que Noé fez foi agradecer a Deus por salvá-los, como Ele havia prometido.

E a primeira coisa que Deus fez foi fazer outra promessa. "Eu nunca mais destruirei o mundo outra vez!" E como um guerreiro que guarda seu arco e sua flecha no final de uma grande batalha, Deus disse: "Vejam, eu pendurei o meu arco nas nuvens!"

E lá, nas nuvens — exatamente onde a tempestade encontra o sol — estava um bonito arco feito de luz.

Era um novo começo no mundo de Deus.

Não demorou muito para que todas as coisas dessem errado outra vez, mas Deus não estava surpreso. Ele sabia que isso aconteceria.

Isto porque, antes de começar de novo, Ele tinha outro plano — um plano melhor. Um plano de não destruir o mundo, mas salvá-lo — um plano de um dia enviar seu próprio Filho, o Salvador.

A forte fúria de Deus contra o ódio, contra a tristeza e contra a morte viria mais uma vez — mas não em seu povo, ou em seu mundo. Não! O arco de guerra de Deus não estava apontado para o seu povo.

Estava apontado no coração do céu.

Uma gigantesca escadaria para o céu

A torre de Babel, de Gênesis 11

NOÉ E SUA FAMÍLIA viveram em uma terra e seus filhos tiveram filhos, e estes filhos tiveram mais filhos, e estes filhos tiveram ainda mais — Bem, observem o desenho — até que o mundo estivesse cheio de pessoas outra vez.

Naquela época, todos falavam exatamente a mesma língua. Assim, você não precisaria aprender inglês ou japonês, ou qualquer outra língua porque você poderia dizer alô para alguém e eles saberiam o que você quis dizer.
Um dia, todos estavam conversando e tiveram uma idéia: "Vamos construir uma bonita cidade para morarmos! Poderá ser nossa casa. E nós estaremos salvos para sempre e sempre!" Então eles tiveram outra idéia: "E vamos construir uma torre bem alta para alcançar o céu!"

“Sim!” eles disseram. “Nós diremos: olhe para nós aqui. E todos nos olharão. E nós olharemos para eles lá embaixo. Então eles saberão que nós somos importantes. Nós seremos como Deus. Nós seremos famosos, estaremos seguros e felizes, e todas as coisas darão certo.”

Então eles tiveram que trabalhar. Tijolo por tijolo, a torre crescia mais alta e mais alta, até que se elevou sobre a cidade, tocando o céu. Eles construíram degraus na torre para subirem até o topo. Era como uma escadaria gigantesca para o céu.

“Vejam!” — eles comemoraram. “Nós somos os tais! Olhem o que nós podemos fazer com as nossas próprias mãos! Nós estamos completamente satisfeitos!”

Mas Deus não estava satisfeito com eles. Deus podia ver o que eles estavam fazendo. Eles estavam tentando viver sem Ele, mas Deus sabia que isto não os faria felizes, nem os deixaria salvos, nem nada. Se eles continuassem como estavam, só iriam se destruir. E Deus os amava muito para deixar que isto acontecesse. Então Deus interrompeu o plano deles.

Em uma manhã, Eles foram trabalhar como sempre, mas alguma coisa estava diferente — suas palavras eram todas novas e engraçadas.

Vejam vocês, Deus tinha dado a cada pessoa uma língua completamente diferente! De repente ninguém entendia nada mais o que o outro estava dizendo.

Alguém diria: "Como você faz isso?" E outra pessoa pensaria que ele teria dito: "Como você é feio!" Isto não era engraçado. Você poderia estar dizendo algo bom como: "Que manhã agradável!", mas você se surpreenderia porque eles pensariam que você tivesse dito: "Cale a boca, você é chato!" (Você não pode dizer nem mesmo "Pardon?" para checar se ouviria certo porque ninguém entenderia esta palavra também.)

Não foi fácil trabalharem juntos depois disso, como vocês podem imaginar.

As pessoas estavam sempre disputando e lutando, entrando em terríveis confusões e tornando-se irritadas e irritantes, até que finalmente eles estavam todos tão rabugentos para continuarem a construção que logo tiveram que parar.

Depois disso, as pessoas se espalharam por todo o mundo (Desta forma que nós acabamos tendo tantas línguas diferentes hoje em dia.)

Vejam vocês, Deus sabia que, embora um lugar tão alto eles pudessem alcançar, por mais que tentassem, as pessoas nunca conseguiriam chegar ao céu por elas mesmas. As pessoas não precisavam de escadarias; precisavam de um Salvador. Porque o caminho para chegar ao céu não era por uma escadaria; mas por meio de uma Pessoa.

As pessoas nunca poderiam alcançar o céu, mas o céu teria que vir até eles.

E um dia viria.

O filho das gargalhadas

A promessa especial de Deus para Abraão, de Gênesis 12—21

OS ANOS SE PASSARAM e as coisas não tiveram qualquer melhora.

As pessoas ainda eram cruéis da mesma maneira e desprezavam uns aos outros. Eles ainda ficavam doentes e morriam. O mundo que Deus criou ainda estava cheio de lágrimas. Não havia sido planejado para ser assim.

Mas Deus estava se preparando para fazer alguma coisa sobre isso. Ele estava fazendo todas as coisas erradas ficarem certas, e Ele iria fazer isto através... de uma família.

"Abraão!" — Deus disse. "Quantas estrelas têm aqui?" (Deus estava falando com seu amigo um segredo maravilhoso.)

"Deixe-me ver!" — Abraão respondeu arregaçando suas mangas. (Você já tentou contar as estrelas? Então você sabe o quanto isto é difícil.) "993, 994, 997... Uh-Oh. Não. Espere. 1, 2..." É claro que ele continuou perdendo a conta. "São muitas!" ele disse.

"Sabe de uma coisa?" Deus perguntou. "Eu darei a você tantos filhos e netos e bisnetos que você não será capaz de contá-los também."

Abraão não pode deixar de dar uma gargalhada de tal idéia maravilhosa. Mas depois parou. Como ele poderia ter uma família? Ele não era tolo. Ele não tinha nenhum filho. Quanto mais netos.

Ele limpou uma lágrima. De qualquer forma já estava muito tarde para ele começar a ter bebês naquela idade. Ele tinha 99 anos de idade! O que Deus queria dizer?

"Abraão!" — Deus disse. "Acredite em mim!"

Então Deus disse para Abraão seu plano secreto da salvação.

"Abraão, Eu farei sua família ser muito grande!" Deus prometeu. "Até que um dia sua família virá ser em maior número do que até mesmo todas as estrelas no céu!"

Abraão olhou para a escuridão do céu a noite, cheio de estrelas.

"Vocês serão minha família especial, meu povo, e através de vocês todos na terra serão abençoados!"

Esta foi uma incrível promessa — Deus ia salvar o mundo através da família de Abraão!

Um dos seus tatara-tatara-tatara-tataranetos seria a Criança, o Prometido, o Salvador.

"Mas isto era tão maravilhoso!" — Abraão disse. "Como isso pode ser verdade?" — Deus perguntou. "Alguma coisa é tão maravilhosa para mim?"

Então Abraão confiou que Deus disse mais do que os seus olhos podiam ver. E ele acreditou.

Agora foi Sara, que quando ouviu a promessa de Deus, logo riu para si mesma. Mas não era uma gargalhada de alegria, era como se fossem lágrimas. Ela sempre quis ter um bebê. Este sonho poderia se tornar realidade? Ela realmente poderia ter um bebê quando já estava com 90 anos?

Não, claro que não. Não seja tolo. Já era muito tarde para isso.

Sara não acreditou que Deus poderia fazer o que Ele prometeu. Ela havia esquecido que quando Deus diz alguma coisa, o que Ele diz é tão bom quanto quando Ele faz. (Claro, foi tão fácil para Deus dar um bebê menino a ela quanto foi para Ele fazer todas as estrelas no céu.)

Nove meses depois, exatamente como Deus tinha prometido, Sara deu a luz a um menino. Eles deram a ele o nome de Isaque, que significa "O filho da gargalhada". E Sara sorriu. Mas desta vez foi uma gloriosa e feliz gargalhada. Seu sonho tinha se tornado realidade.

Deus faria como Ele prometeu. Ele sempre cuidaria da família de Abraão, seu povo especial.

E um dia Deus mandaria um outro bebê, um bebê prometido para uma garota que ainda não tinha um marido. Mas este bebê traria alegria para o mundo inteiro. Este bebê seria o sonho de todas as pessoas tornando-se realidade.

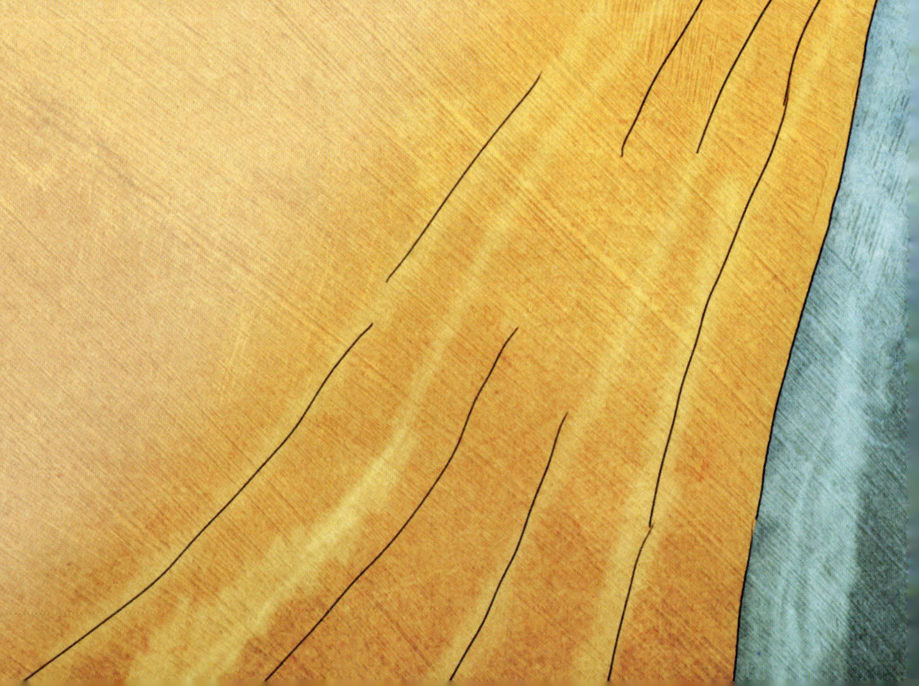

O presente

A história de Abraão e Isaque, de Gênesis 22

DEUS SABIA que seu plano secreto da salvação só poderia ser realizado se Abraão confiasse completamente nEle. Deus tinha que estar certo de que Abraão faria tudo quanto Ele pedisse. Então, alguns anos mais tarde, Deus pediu a Abraão para dar-lhe um presente.

Abraão gostava de dar presentes a Deus. Ele dava a Deus seus animais. Eles eram chamados "sacrifícios" e isto era uma forma de dizer "Eu te amo" para Deus.

Mas desta vez Deus não quis uma cabra ou um cordeiro. Deus queria que Abraão desse a Ele seu filho, seu único filho, o filho que ele amava — Isaque.

Colocar seu filho em um altar e matá-lo como um sacrifício?

Como Deus poderia querer que ele fizesse tal coisa terrível? Abraão não entendeu. Mas ele sabia que Deus era seu pai e que o amava. E Abraão confiava nEle.

Cedo na manhã seguinte, Abrão e Isaque partiram. Eles subiram uma montanha íngreme, em um caminho cheio de pedras. Isaque levou as madeiras em suas costas. Seu pai levou a faca e o carvão.

"Papai" — disse Isaque — "Nós trouxemos tudo, mas nos esquecemos do cordeiro para o sacrifício."

"Deus nos dará o cordeiro, filho!" Abraão disse.

Eles construíram o altar e puseram a madeira em cima. Abraão pediu ao seu filho para subir em cima da madeira. Isaque não entendeu, mas sabia que seu pai o amava. E então ele confiou em seu pai. Ele subiu no altar e Abraão amarrou o menino na madeira. Isaque não lutou e nem tentou correr. Ele apenas permaneceu em quieto sem fazer nenhum som. Tudo estava pronto. Abraão pegou a faca. Seus olhos encheram-se de lágrimas. Seu coração estava cheio de dor. Suas mãos estavam trêmulas. Ele levantou a faca para o alto — "PARE!" Deus disse. "Não machuque o menino. Eu quero que ele viva, e não que ele morra. Eu sei agora que você me ama porque você iria me dar seu único filho!"

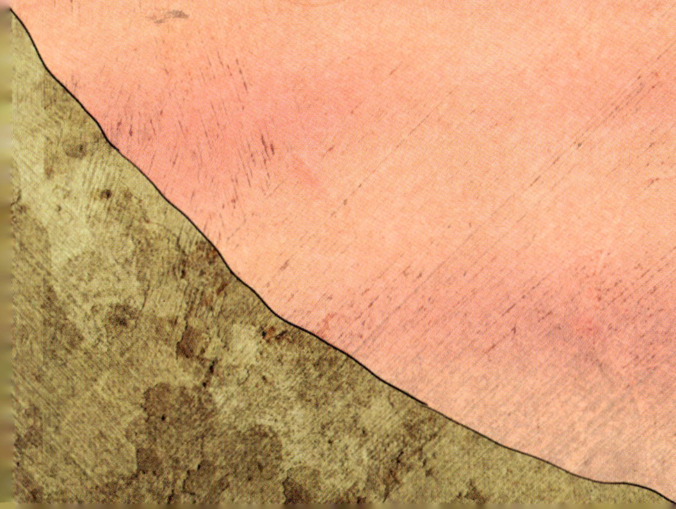

Abraão sentiu seu coração saltar de alegria. Ele desamarrou Isaque e o envolveu em seus braços. Grandes soluços estremeceram o corpo do velho homem. Lágrimas fervorosas encheram seus olhos. E eles permaneceram assim como estavam por um longo tempo, um nos braços do outro, o menino e seu pai.

De repente, Abraão viu um carneiro preso no meio de uma amoreira — o sacrifício. Deus deu a eles o que eles precisavam na hora certa. O carneiro morreria, e não Isaque. Assim, Abraão sacrificou o carneiro ao invés de seu filho.

E assim eles se sentaram lá no topo da montanha, assistindo as brasas das chamas de fogo no ar fresco da noite. Com as estrelas sobre eles brilhando no céu de veludo, Deus ajudou Abraão e Isaque entenderem algo. Deus queria que seu povo vivesse, e não que morresse. Deus queria salvar seu povo e não castigá-los. Mas eles deveriam confiar nEle.

"Um dia Alguém nasceria na sua família!" Deus os prometeu. "E Ele traria alegria para o mundo inteiro."

Deus queria ter certeza para dar ao mundo todo um maravilhoso presente. Esta seria a forma de Deus falar para o seu povo: "Eu te amo!"

Muitos anos depois, um outro Filho subiria uma outra montanha, carregando madeira em suas costas. Como Isaque, Ele confiaria em seu pai e faria o que o seu pai pedisse. Ele não lutaria ou sairia correndo.

Quem era Ele? O Filho de Deus, seu único Filho — o Filho que Ele amava.

O cordeiro de Deus.

A menina que ninguém queria

A história de Jacó, Raquel e Léia,
De Gênesis 29—30

ERA UMA VEZ duas irmãs. A irmã mais nova era muito bonita e seu nome era Raquel. Mas a irmã mais velha não era tão bonita (alguns pensavam que ela era completamente feia), e seu nome era Léia.

Raquel era o tipo de menina que era sempre convidada para festas e escolhida para o grupo. Todos a amavam. E a pobre Léia? Dificilmente alguém poderia até mesmo notá-la.

Um dia, seu primo Jacó, veio para ficar. Ele era um dos filhos de Isaque e estava fugindo. (Jacó havia roubado, enganado e feito alguns inimigos — inclusive seu irmão — e agora ele estava tentando se esconder.)

O mais engraçado é que Jacó — de todas as pessoas — foi a pessoa a quem Deus deu a promessa especial: "Eu salvarei o mundo através de sua família!" (Às vezes Deus escolhe pessoas de quem menos esperamos, como podemos ver.)

Jacó ficou trabalhando por muito tempo para seu tio Labão. Um dia Labão disse a Jacó: "Eu decidi te pagar pelo seu trabalho. O que você quer?" Um súbito pensamento passou por sua mente: "Que tal uma de minhas filhas?"

Jacó olhou para Raquel e olhou para Léia. Qual ele escolheria? Claro, ele escolheu Raquel.

"Eu trabalharei sete anos pela liberdade!" Jacó disse. "Se eu puder me casar com Raquel!"

Então Jacó trabalhou por sete anos, e finalmente o dia do casamento chegou.

Mas naquela noite, Labão pregou uma peça terrível em Jacó. Ao invés de levar Raquel para casar com Jacó, levou Léia. (Naqueles dias não havia eletricidade, então estava escuro em suas barracas e, além disso, mulheres usavam véus e não se conseguia ver seus rostos claramente. Por isso Jacó não suspeitou de nada.)

Na manhã seguinte, Jacó acordou — e gritou. Sua nova esposa estava mentindo bem ao seu lado, pois esta não era Raquel — era Léia. Jacó pulou da cama. "Labão!" ele gritou. "Seu salafrário!"

Mas Labão disse: "Trabalhe para mim por mais sete anos e então poderá casar-se com Raquel!"

Então Jacó trabalhou para Labão outros sete anos, e finalmente Raquel se tornou sua esposa. Agora Jacó tinha duas esposas, mas de suas duas esposas Raquel era a que Jacó amava mais.

"Ninguém me ama" — Léia disse. "Eu sou tão feia!"

Mas Deus não achava que ela era feia. E quando Ele viu que Léia não era tão amada e que ninguém a queria, Deus a escolheu — para amá-la especialmente, para dar a ela um trabalho muito especial. Um dia, Deus mandaria o Salvador de todo o mundo — através da família de Léia.

Agora, como Léia sabia que Deus a amava, em seu coração, de repente não importava mais para ela se seu marido a amava mais, ou se ela era a mais bonita. Alguém a escolheu, alguém que a amava — sem nunca parar, nunca desistir, sem interrupções, sempre e para sempre a amaria.

Então quando ela teve um filho menino ela o chamou Judá, que significa: "Este é o momento em que eu louvarei ao Senhor!" E foi exatamente o que ela fez.

Vocês nunca adivinharão que trabalho Deus deu a ela.

Vejam vocês, quando Deus olhou para Léia, Ele viu uma princesa. E certamente, isto foi exatamente o que ela se tornou.

Um dos filhos dos filhos dos filhos de Lia seria um príncipe — o Príncipe do céu — O filho de Deus.

Este Príncipe amaria o povo de Deus. Eles não precisariam ser bonitos para Ele os amar. Ele os amaria com todo seu coração. E eles seriam bonitos porque Ele os amaria.

Da mesma forma que Léia.

O príncipe perdoado

José e seus irmãos, de Gênesis 37—46

JACÓ TEVE DOZE FILHOS, mas de todos os seus filhos, José era o seu favorito.

Um dia, Jacó deu a José um lindo roupão novo. Era bonito, chique e tinha todas as cores do arco-íris, mas isso fez os irmãos de José ficarem com ciúmes — eles queriam um roupão chique também.

Então para piorar, José teve uns sonhos especiais: "Eu sonhei que eu era o maior! Eu era o rei!" José disse aos seus irmãos. "E todos vocês se curvaram diante de mim!"

Agora estou certo de que vocês sabem o que aconteceu. José não deveria ter contado para seus irmãos coisas como estas. Não foi uma boa idéia. Os irmãos de José o odiaram cada vez mais. Eles queriam matar José e os seus sonhos.

E um dia foi exatamente isto que eles tentaram fazer. Eles rasgaram o roupão colorido de José e o venderam para os compradores de escravos — por 20 moedas de prata.

Os comerciantes levaram José para o Egito e lá o fizeram de escravo. Os irmãos voltaram para casa e mentiram para seu pai, dizendo a ele que José havia morrido.

"Aquele era o fim dos sonhos!" Eles pensaram. Mas eles estavam errados. Deus tinha um plano magnífico para a vida de José, e mesmo quando parecia que tudo tinha dado errado. Deus usaria tudo aquilo para fazer o sonho se tornar realidade.

Deus usaria tudo aquilo que estava acontecendo com José para fazer algo bom.

Entretanto, enquanto isso, as coisas não estavam parecendo boas para José no Egito. Ele estava longe de casa e de seu pai.

Depois culparam José por algo que ele não fez. Embora não tivesse feito nada de errado, ele estava sendo punido e o colocaram na prisão. Mas Deus estava com José.

Em uma noite, Faraó (O rei do Egito) teve um sonho assustador sobre vacas magras fazendo um barulho esquisito sobre vacas gordas. Que mal seria este na terra? Ele não sabia. Mas José era um interprete de sonhos, então Faraó mandou chamá-lo. "Isto significa que está vindo uma escassez de alimentos!" — José explicou. "Não haverá comida suficiente!" Faraó ficou tão alegre com a habilidade de José que imediatamente o tirou da prisão e fez dele um príncipe.

Agora, de volta para casa, os irmãos de José estavam sem comida e todos estavam famintos. A família especial de Deus estava em perigo — se eles não conseguissem comida logo, eles morreriam de fome. Então os irmãos de José viajaram para o Egito para comprar comida.

Eles vieram e ajoelharam-se diante do novo príncipe. Seus irmãos não sabiam que o príncipe era José. Mas José sabia quem eles eram. Um dos sonhos de José, sobre seus irmãos ajoelhar-se diante dele, se cumpriu.

"Sou eu!" José gritou.

Quando eles viram que era José, ficaram com medo.

Eles tinham prejudicado José. Eles tinham pecado e sabiam disso. Agora José certamente os puniria.

Mas José olhou para seus irmãos e seus olhos encheram-se de lágrimas. Embora seus irmãos o tivessem ferido e quisessem matá-lo — apesar de todas essas coisas ele não poderia deixar de amá-los.

O seu coração, que eles haviam quebrado, encheu-se de amor e José os perdoou. José os abraçou. "Não tenham medo!" — ele disse. "Deixe para trás o que vocês estavam fazendo, esqueçam tudo o que está acontecendo, pois Deus está fazendo algo muito bom. Deus está fazendo tudo dar certo de novo!"

José não os puniu, ele os perdoou. Ele trouxe a família especial de Deus para viver seguros com ele no Egito.

Um dia Deus mandaria um outro Príncipe, um jovem Príncipe cujo coração também se partiria. Como José, Ele deixaria seu lar e seu Pai. Seus irmãos o odiariam e tentariam matá-lo. Ele seria vendido por moedas de prata. Ele seria punido ainda que não tivesse feito nada errado.

Mas Deus usaria tudo que aconteceu com seu jovem Príncipe — até mesmo as coisas ruins — para fazer uma coisa boa: Para perdoar os pecados de todo o mundo.

O Deus que socorre!

Moisés e a grande fuga do Egito, de Êxodo 3—13

JOSÉ E SEUS IRMÃOS ficaram velhos e morreram, mas os filhos de seus filhos permaneceram no Egito, onde se tornaram uma GRANDE família.
Mais tarde, um novo rei começou a governar, mas este faraó não se lembrava de José e não gostava do povo de Deus. Ele fez deles escravos, batia neles e os fazia trabalhar muito e muito duro.
O povo de Deus clamou para que Deus os salvasse.
E Deus os ouviu. Ele lembrou da promessa que fez para Abraão. Ele cuidaria de seu povo. Ele encontraria uma maneira de deixá-los livres.
Um dia, Moisés estava cuidando das ovelhas de seu sogro quando alguma coisa surgiu na sua frente: Um arbusto estava se comportando de forma muito esquisita — ele estava ardendo em chamas, mas as folhas não estavam queimando.
Ele olhou mais de perto.
"Moisés!" — estrondou uma grande voz.
Moisés deu um salto para trás. O arbusto estava falando com ele!
"Eu tenho escutado o clamor do meu povo!" — Deus disse.
"Eu tenho visto suas lágrimas. Então eu vim para salvá-los. Vá até Faraó e diga a ele para deixar meu povo livre!"
Moisés estava com medo. Mas Deus disse: "Eu estarei com você!"

Então Moisés foi até Faraó.

"Faraó!" — Moisés começou. "Deus disse..."

"Deus?" — perguntou Faraó. "Nunca ouvi falar dEle!" Moisés continuou. "Deus disse para deixar seu povo livre."

"Porque eu deveria fazer isso?" Faraó perguntou. "Não quero. NÃO!" E ele não fez.

Então Deus deu a Faraó dez advertências chamadas "pragas".

Primeiro, Deus transformou o Rio Nilo em sangue. Ninguém poderia beber mais sua água. Mas Faraó ainda assim não os deixaria ir.

Então Deus fez rãs virem pulando e saltando. Em sua cama rãs, em seus cabelos, rãs, em sua sopa, rãs. Em tudo e em todo lugar, rãs! "Façam-nas ir embora!" Faraó gritou. "O seu povo pode ir."

Então Deus levou as rãs.

Mas Faraó mudou de idéia.

"Vocês não podem ir!" — ele disse.

Então Deus enviou milhões de mosquitos. Mas ainda assim Faraó disse: "NÃO!" Então desta vez Deus enviou enxames de moscas — moscas zumbindo e voando em seus olhos.

E depois disso, doenças e terríveis furúnculos; e enormes granizos; e tempestades de gafanhotos; e também escuridão quando deveria ser dia — Até que parecia que o mundo inteiro, a criação e todas as coisas, estavam se acabando, desfalecendo na escuridão. E no nada. E no vazio.

Mas a cada momento Faraó dizia: "Pare com isso e assim os deixarei ir!"

E a cada vez que Deus fazia tudo parar, Faraó mudava de idéia e dizia:

"Verdadeiramente, NÃO! Vocês não podem ir!"

Finalmente, Moisés avisou Faraó: "Obedeça a Deus ou Ele terá que enviar a pior coisa de todas!" E Faraó apenas riu.

Então Deus disse: "O filho mais velho de cada família do Egito terá que morrer. Mas meu povo estará salvo!"

Deus disse para seu povo pegar o melhor cordeiro, matá-lo e colocar um pouco do sangue na frente de suas portas. "Assim Deus reconhecerá a sua casa" — Moisés explicou — "Deus verá o sangue e saberá que o cordeiro morreu ao invés de você!"

Naquela noite, foi justamente isso que Deus fez. De repente, uma penetrante escuridão adentrou pelos corredores do palácio, vindo com um grito horripilante. O filho mais velho de Faraó havia morrido! Finalmente Faraó fez o que Deus disse. "SAIAM!" Faraó gritou. "APENAS VÃO!"

E então, naquela mesma noite, Moisés e o povo de Deus saíram do Egito e livraram-se da escravidão. Eles estavam livres finalmente!

O povo de Deus sempre lembraria da grande salvação e a chamaria "Páscoa". Mas uma salvação ainda maior que estava por vir.

Muitos anos depois, Deus faria isso novamente. Ele viria mais uma vez para salvar o seu povo. Mas desta vez Deus viria para deixá-los livres para sempre e sempre.

Deus abre um caminho

Moisés e o mar vermelho,
de Êxodo 14—15

MOISÉS E o povo de Deus saíram do Egito em direção ao deserto. Eles não conheciam o caminho — mas Deus conhecia e o mostraria para eles. "Eu levarei vocês para um novo lar, uma terra especial" — Deus prometeu. "Eu cuidarei de vocês. Eu estarei com vocês!" Deus enviou uma grande nuvem para segui-los — Um pilar de fumaça que se estendia até o céu. Ela se movia em frente a eles conforme eles caminhavam e os protegia do calor ardente do sol durante o dia. E quando era hora de descansar, ela parava. E durante as noites frias do deserto, ela os aquecia e iluminava ardendo como fogo. Deus conduziu o seu povo pelo deserto, para as margens de um grande mar. Eles desejavam saber como iriam atravessar o mar, quando de repente, ouviram um som terrível, trovejando e batendo. Era um som parecido com cascos de cavalos. Eles protegeram seus olhos e olharam para trás — e gritaram assustados! Era isso! Faraó e o seu exército estavam vindo para capturá-los!
Faraó tinha mudado de idéia outra vez. "Peguem meus escravos de volta!"
Ele gritou, e atacou pelo deserto, por trás deles — com 600 dos seus mais rápidos cavaleiros e todas as carruagens do Egito.

O que o povo de Deus estava fazendo? Em frente a eles havia um grande mar. Era tão grande que não havia caminho ao redor. Não tinha como atravessá-lo, pois era muito fundo. Eles não tinham barcos então não poderiam navegar pelo mar. E eles não poderiam nadar para atravessá-lo porque era muito longe e eles se afogariam. E eles não poderiam voltar porque Faraó os estava perseguindo. Eles agora podiam ver as espadas flamejando, refletidas no sol escaldante, e as nuvens de poeira, e carruagens após carruagens assustadoras surgindo na direção deles. Então eles fizeram a única coisa que havia para ser feito: entraram em PÂNICO!

"Nós vamos morrer!" — Eles gritavam.

"Não tenham medo!" — Moisés disse.

"Mas não há nada que possamos fazer!" — Eles gritaram.

"Deus sabe que vocês não podem fazer nada!" — Moisés disse. Deus fará tudo por vocês. Confiem nEle. E vejam!"

"Mas não existe um caminho!" — Eles gritaram.

"Deus fará um caminho!" — Moisés disse.

Mais um minuto e tudo estaria acabado.

Mas uma coisa estranha aconteceu.

Deus fez um pilar de fumaça se mover por trás de seu povo, e os escondeu dos egípcios. Então Deus mandou um forte vento oriental para soprar a noite toda. E soprou sobre as águas do grande mar. E soprou para direita e soprou para esquerda, até que soprou no meio de duas paredes muito altas de água, e lá — exatamente no meio do mar — um caminho barrento se abriu e o povo de Deus caminhou sobre a terra seca!

Quando os egípcios tentaram segui-los, as paredes de água caíram por cima deles e os engoliu.

O povo de Deus estava salvo. Eles comemoraram, gritaram, cantaram e agradeceram a Deus. Quando não havia mais jeito, Deus fez um caminho.

Muitos anos mais tarde, uma vez mais, Deus faria um caminho onde não haveria mais jeito.

Desde o princípio, os filhos de Deus tinham corrido e se escondido dEle. Deus sabia que seus filhos nunca poderiam ser felizes sem Ele. Mas eles não poderiam voltar para Ele por si próprios, pois estavam perdidos. Eles não conheciam o caminho de volta.

Mas Deus conhecia o caminho.

E um dia Ele iria mostrá-lo.

Dez maneiras para ser perfeito

Moisés e os Dez Mandamentos, de Êxodo 16—17, 19—40

ENTÃO, LÁ ESTAVAM todos eles. Vovós, vovôs, bebês, tios, tias, filhos, mães e pais. Lá fora no meio do deserto. Eles tiveram bolhas nos pés de tanto que caminharam. Eles estavam com fome e com sede. E com muito, muito calor. "Nós não gostamos disso!" — eles diziam. "Isto fede!" (Eles disseram isso porque ninguém tomava banho há semanas.)

Agora lembrem-se de que o motivo de tudo isso era algo que eles tinham esquecido — Deus tinha feito coisas maravilhosas pelo seu povo. Ele os tinha escondido dentro de uma nuvem. Ele tinha separado o mar. Ele os tinha deixado livres.

Mas o povo de Deus ainda não estava feliz. Eles não se preocuparam por estarem livres — Não era melhor quando eles eram escravos? Pelo menos eles tinham muita comida boa para comer.

"Deus não quer que sejamos felizes!" eles disseram. Esta foi a mesma mentira que Adão e Eva ouviram muitos anos antes.

"Deus nos trouxe aqui para nos matar. Deus não nos ama!" Eles não conheciam Deus muito bem, não é?

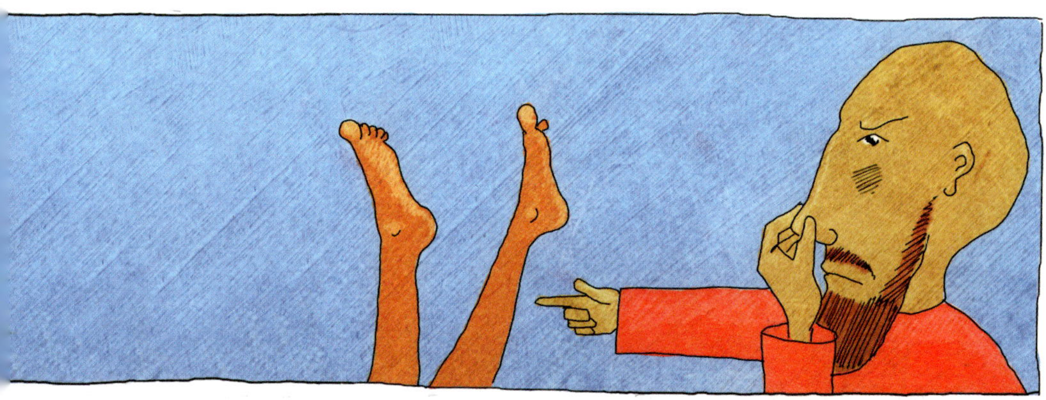

Todos os dias em suas jornadas, Deus continuou mostrando para seu povo como Ele cuidaria bem deles, se eles confiassem nEle e o obedecessem. Quando eles estavam com fome, Deus fez cair uma chuva de comida do céu — Pão caiu do céu! "O que é isto?" Eles perguntavam uns para os outros. Eles não sabiam o que era, então chamaram de "o que é isto?" (que com certeza é um bom nome para algo que você não sabe o que é. Esse "pão" é conhecido como "maná"). Em um lugar, quando eles estavam com sede e começavam a brigar, Deus fazia água fluir da rocha. Moisés chamou aquele lugar de "disputando" (porque parecia ser um bom nome também).

E os filhos de Deus ainda não confiavam nEle nem faziam o que Ele dizia. Eles pensavam que fariam um melhor trabalho em cuidar deles mesmos e fazerem a si mesmos felizes. Mas Deus sabia que não havia felicidade sem Ele.

Deus os levou para uma montanha alta. Deus queria falar para seu povo e mostra a eles como Ele era. Ele queria ajudá-los a conhecê-lo melhor e falar sobre a terra especial que lhes daria.

"Toda a terra pertence a mim!" Deus disse. Mas eu escolhi vocês — Vocês são minha família especial. Eu quero que vocês vivam da maneira certa. Eu vou mostrar a vocês como eu sou — então poderão me conhecer também!"

Deus chamou Moisés para o alto da montanha. A grande montanha tremeu.

Uma nuvem escura desceu. Os trovões rugiram. Os raios refletiram. E Deus deu a Moisés Dez regras, chamadas "mandamentos."

"Eu quero que vocês me amem mais do que todas as coisas que têm no mundo – e saibam que eu também amo vocês!" Deus disse a eles. "Esta é a coisa mais importante de todas!"

Deus deu a eles outras regras, como: "Não adorem outros deuses; não matem; não roubem ou mintam!" As regras mostravam ao povo de Deus como viver, ou como estar prontos para se relacionarem com Ele, e como ser feliz. Elas mostravam como trabalhar melhor a vida.

"Deus prometeu que sempre cuidará de vocês" — Moisés disse. "Vocês o amarão e seguirão essas regras?"

"Nós podemos segui-las! Sim! Nós prometemos!"

Mas eles estavam errados. Eles não conseguiram fazer isso. Não importa o quanto eles tentaram, eles nunca conseguiram seguir as regras todo o tempo.

Deus sabia que eles não poderiam. E Ele queria que eles também soubessem disto.

Apenas uma Pessoa poderia seguir todas as regras. E muitos anos mais tarde Deus o enviaria – Para estar no lugar deles e ser perfeito por eles.

Porque as regras não poderiam salvá-los.

Apenas Deus poderia salvá-los.

O líder guerreiro

Josué e a batalha de Jericó, de Josué 3 e 6

DEPOIS QUE MOISÉS MORREU, Deus deu a seu povo um novo líder. Seu nome era Josué, que significa "O Senhor salva." Josué estava conduzindo o povo de Deus para entrar em uma terra especial, que Deus havia prometido dar a eles. Mas antes disso, o povo de Deus tinha caminhado em volta daquele deserto escaldante por 40 anos! Então você pode imaginar como eles estavam cansados daquela areia ou de qualquer coisa que fosse amarela, e de tendas, e caminhadas, e do calor. E como eles estavam felizes em terminar de atravessar o deserto e em ver sua nova e bela casa — exatamente em frente a eles — totalmente fresca, verde e agradável. Lá só havia um problema.

Jericó.

Jericó era uma cidade. Mas não era apenas uma velha cidade. Era uma fortaleza, e parava qualquer um que caminhasse em direção para entrar na terra.

O povo olhou para Jericó, para aquelas enormes, gigantes, e assustadoras paredes em volta dela. Para aquelas plataformas altas. Para os portões de ferro pesados fechados. E olharam uns para os outros.

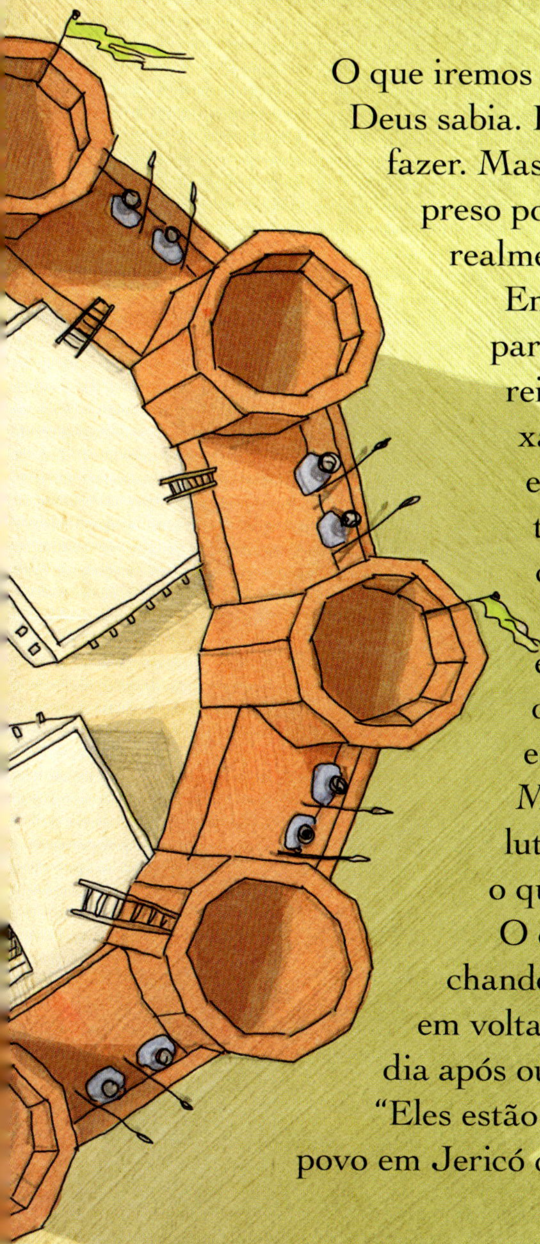

O que iremos fazer? Ninguém sabia. Mas Deus sabia. E Deus disse a Josué o que fazer. Mas Josué deve ter ficado surpreso porque foi um plano de batalha realmente muito estranho.

Então Deus fez uma promessa para seu povo. "Eu sempre estarei com vocês. E nunca os deixarei. Se vocês fizerem o que eu digo, suas vidas na nova terra serão felizes e todas as coisas irão bem."

Então Josué juntou seu exército. Eles tinham espadas, lanças e escudos. Eles estavam prontos para lutar. Mas o plano não era sobre luta; era sobre confiança e fazer o que Deus diz.

O exército de Josué foi marchando, marchando, marchando em volta da cidade. Dia após dia, um dia após outro.

"Eles estão com medo de lutar!" — o povo em Jericó disse.

Mas o povo de Jericó estava errado. O povo de Deus não estava com medo — eles estavam esperando. Esperando Deus dizer a eles o que fazer a seguir.

No sétimo dia, Deus disse ao seu povo para marchar em volta da cidade não uma, mas sete vezes. E Deus disse a todos para fazerem tanto barulho quanto pudessem. Alguém já lhe falou para fazer tanto barulho quanto você possivelmente poderia? Bem, imagine este barulho e some 39.999 outras pessoas fazendo barulho também. E você faz uma idéia. Muito barulho.

E assim que eles se apresentaram, pedras explodiram também — Porque as enormes e fortes paredes de Jericó caíram aos pedaços no chão, como se fossem feitas de areia. Jericó desapareceu em uma grande nuvem de pó.

Então foi assim que o povo de Deus entrou em seu novo lar. E eles não tiveram que lutar para entrar — Eles tiveram apenas que marchar.

Josué disse: "Deus nos trouxe com segurança para cá. Agora vocês farão o que Ele disser?"

Todos disseram: "Nós prometemos!"

"Só Deus pode fazer seus corações felizes!" Josué disse. "Não orem para falsos deuses!"

"Não!" — eles disseram. "Jamais!"

Ele estava com medo que eles não continuassem cumprindo o que prometeram.

Eles não fizeram o que Deus disse e muitos anos depois, como Deus os advertiu, as coisas iriam piorar para o povo de Deus. Eles perderiam seu lar. Inimigos iriam capturá-los e tomá-los como escravos e o povo de Deus seria espalhado em muitas terras diferentes.

Mas o plano de Deus ainda estava se cumprindo.

Um dia Ele daria a seu povo um novo Líder.

Um novo lar.

Mas ninguém poderia tomar deles este lar.

O pequeno, suposto... verdadeiro rei

Samuel unge Davi, de 1 Samuel 16

O POVO DE DEUS tinha um novo lar. Agora eles queriam um rei.

"Mas Deus é o seu rei!" — Samuel disse a eles. "Ele é o único que pode cuidar melhor de vocês!"

"Nós queremos um rei de verdade!" — Eles disseram. "Um que nós possamos ver!"

Deus sabia que um rei poderia não ser amável com seu povo ou cuidar deles tão bem quanto Ele cuidaria. Mas o povo de Deus não se preocupou; Eles queriam um rei e queriam agora!

Então Deus deu a eles um rei.

Ele era chamado Saul e parecia um bom rei — no início. Mas ele tornou-se orgulhoso e parou de ouvir a Deus. Ele não obedeceu a Deus. Ou não o amou com todo seu coração.

"Saul não pode me ajudar com meu plano!" — Deus disse.

“Eu preciso de um rei que me ame e que ensine o meu povo a me amar. Eu preciso de um verdadeiro rei.” Deus já tinha um em mente.

“Vá até Belém!” — Deus disse a Samuel. “Lá você encontrará um novo rei.” (O trabalho de Samuel era ouvir a voz de Deus e falar ao povo o que Ele disse.)

Então Samuel foi para pequena cidade de Belém. Deus disse para Samuel ir para a casa de Jessé. Deus iria escolher um dos filhos de Jessé para ser o novo rei.

Jessé teve sete filhos fortes.

Naqueles dias, se fosse o rei, você não teria que ser o mais rico ou o mais inteligente. (Embora isso sempre agradasse.) Você tinha que parecer como um rei, e isto significa que você tem de ser o maior e o mais forte. (assim, você poderia levar as mais longas espadas e as maiores armaduras e derrotar todos.) E não se ferir para permanecer bonito também.

Samuel pediu a Jessé para trazer até ele cada filho de volta. Então Jessé trouxe o mais velho, mais alto, o filho mais forte. "Um deles deve ser o novo rei" — Samuel pensou. "Eles parecem um rei".

Mas Deus não o escolheu. "Vocês estão pensando como quem vê o que está por fora!" — Deus disse para Samuel. "Mas eu estou olhando para o coração, que está por dentro!"

Então Jessé mostrou para Samuel seu próximo mais velho, mais alto e mais forte filho. Mas Deus não o escolheu também. De fato, Deus não queria escolher nenhum dos sete filhos.

Samuel perguntou: "Aqui estão todos?"

Jessé deu uma risada. "Oh, bem, há o mais jovem de todos, mas ele é o mais fraco da família. Ele é apenas um pequenino..."

"Traga-o!" — disse Samuel.

O filho mais jovem de Jessé veio correndo, e Deus falou calmamente para Samuel: "É este!"

Seu nome era Davi.

"Ele tem um coração como o meu!" Deus disse. "É cheio de amor. Ele me ajudará em meu Plano Secreto da Salvação. E um dos filhos dos filhos de seus filhos seria o Rei. E o rei governará o mundo para sempre!"

Samuel ungiu a cabeça de Davi com óleo — que foi uma forma especial de mostrar que ele era um rei escolhido por Deus. "Você será o novo rei um dia!" — Samuel disse a Davi.

E, certamente, quando cresceu, Davi se tornou um rei. Deus escolheu Davi para ser um rei porque Ele, Deus, estava preparando seu povo para um Rei ainda maior que estava por vir.

Uma vez mais, Deus diria: "Vão até Belém. Vocês encontrarão um novo rei lá." E lá, em uma noite estrelada em Belém, na cidade de Davi, três homens sábios iriam encontrá-lo.

O jovem herói e o terrível gigante

Davi e Golias, de 1 Samuel 17

O POVO DE DEUS TINHA alguns inimigos assustadores, mas os Filisteus eram os mais assustadores de todos. E agora os Filisteus tinham vindo lutar com eles.

Os Filisteus tinham uma arma secreta chamada "Golias". Golias era um terrível soldado, e — pior de tudo — um gigante! Um gigante tão forte, e tão alto, e tão assustador, que ninguém era capaz de lutar com ele — e viver se gabando disto.

Então, lá estavam eles: os Filisteus se levantando no topo de uma colina, e o povo de Deus se levantando no topo de outra. Todos os dias Golias vinha e gritava: "Mande seu melhor soldado para lutar comigo! Se ele vencer, nós seremos seus escravos. Mas se eu vencer, vocês serão nossos escravos!" Ninguém respondeu. Ninguém se moveu.

"Fracotes!" — Golias berrava. "Seu Deus não pode salvar vocês! Eu irei arrancar suas cabeças e tostá-las!" Com seus grandes, redondos, gananciosos e furiosos olhos, Golias olhava para eles debaixo de seu terrível capacete — como se a qualquer momento ele pudesse engolir todos eles. E ele gargalhava seu terrível riso: "Há-há-há-há". Este estrondo ecoava terrivelmente ao redor do vale seco.

Golias parecia ter sido bem como um monstro de três cabeças cheio de lodo, porque o povo de Deus gelava de medo dele. Seus olhos pareciam de vidro, e o povo de Deus ficava completamente pálido. Eles sabiam que se alguém não fizesse algo rápido, se alguém não os salvasse...

Mas Deus faria alguma coisa. Ele enviaria alguém para salvá-los.

Davi era o filho mais jovem de Jessé, e seus irmãos eram soldados no exército. Um dia, quando Davi levou almoço para seus irmãos, ele viu Golias — e ele viu quão amedrontados todos estavam.

"Não tenham medo!" Davi disse. "Eu lutarei por vocês!"

"Você é apenas um pequeno menino pastor de ovelhas!" — O rei disse. "E Golias é um grande soldado. Como você lutará com ele?"

"Deus irá me ajudar!" — Davi disse.

Então o rei deu a Davi sua armadura real para ele vestir, mas era tão pesada e tão grande que Davi não podia andar. "Eu não preciso disso!" — Davi disse. Ao invés disso, Davi pegou cinco pedras na beira do rio — Um, dois, três quatro, cinco — pegou seu estilingue e caminhou ao encontro de Golias. Um passo. Dois passos. Três passos.

Golias caminhou ao encontro de Davi. TUM. TUM. TUM. "Você?" Golias olhou atentamente para o pequeno menino.

"Eu sou pequeno!" Davi gritou para ele. "Mas Deus é grande!"

Golias gargalhou ainda mais terrivelmente quanto de costume.

"HAAAAA-HÁ-HAAAA!" E foi na direção de Davi.

Com apenas um balanço de sua espada gigantesca, Golias poderia eliminar o menino. Mas Davi continuou andando: "Não é o quanto você é forte ou quantas espadas e lanças você tem para te salvar — É Deus que te salva! Esta batalha é de Deus. E Deus sempre vence suas batalhas!"

Davi colocou uma pedra em seu estilingue, girou – e lançou. A pequena pedra voou zumbindo como uma bala pelo ar e golpeou Golias direto entre os olhos. Golias parou de gargalhar...

Ele tropeçou... e cambaleou... e CABUM! Golias estava no chão.

Quando os Filisteus viram que Golias estava morto, eles saíram correndo. E quando o povo de Deus os viu saírem correndo, eles se alegraram. Deus havia salvado o seu povo. E Davi era um herói!

Muitos anos mais tarde, Deus enviaria para seu povo outro jovem Herói para lutar por eles. E salvá-los. Mas este herói lutaria a maior batalha que o mundo já conheceu.

O bom pastor

Davi, o rei pastor, de Salmos 51, 2 Samuel 7;
Paráfrase do Salmo 23

DAVI ERA UM PASTOR, mas Deus olhou para ele e viu um rei. Certamente, quando Davi cresceu, foi exatamente em um rei que ele se tornou. E Davi foi um grande rei. Ele tinha um coração como o coração de Deus — cheio de amor. Mas isso não significa que ele era perfeito, porque ele fez algumas coisas terríveis — Ele até mesmo assassinou um homem. Davi fez uma grande bagunça em sua vida. Mas Deus pode tomar até mesmo a maior bagunça e fazer seu plano dar certo.

"Eu preciso de um novo coração, Senhor!" — Davi orou. "Porque o meu está cheio de pecados. Me limpa por dentro!"

Deus ouviu a oração de Davi. Ele o perdoou e fez uma promessa para ele: "Davi, Eu farei você ser grande!"

E um dia, um Rei nascerá dentro de sua família, e Ele irá curar o mundo todo.

Você sabia que Davi foi um compositor também? De fato, suas músicas eram muito boas, e somam em torno de 40 composições!

As músicas de Davi eram como orações. Elas eram chamadas "salmos", e também "a música dos pastores". (Este provavelmente era o número um na música dos Salmos.)
E era assim...

Deus é o meu pastor
E eu sou sua pequena ovelha.

Ele me alimenta
Ele me guia
Ele cuida de mim.
Eu tenho tudo que eu preciso.

Dentro de mim meu coração está tranqüilo.
Tão tranqüilo como se descansasse em verdes gramas
Em campos
Perto de um pequeno riacho.

E ainda quando eu andar pela escuridão,
Assustado, em lugares solitários;
Eu não estarei com medo
Porque meu pastor sabe onde estou.

Ele está aqui comigo
Ele me mantém seguro
Ele me salva

Ele me faz forte
E valente.

Ele está dando coisas maravilhosas
Especiais para mim
Tudo aquilo que eu já sonhei!

Ele enche meu coração de alegria
Eu não consigo conter.

Aonde quer que eu vá eu sei
Que Deus nunca pára;
Nunca desiste
Não falha
Sempre me ama e para sempre
Irá me amar também!

Deus deu esta musica a Davi para ele cantar para seu povo. Então eles poderiam saber que ele os amava e sempre cuidaria deles — como um pastor ama suas ovelhas.

E um dia, Deus faria algo que inspiraria milhares e milhares de novas canções. Deus iria mostrar ao seu povo de uma vez por todas o quanto Ele os amou.

Outro pastor estava vindo — o maior Pastor. Ele seria chamado o Bom Pastor. E este pastor iria conduzir todos os cordeiros de Deus de volta para o lugar que sempre pertenceu a eles — guardados no coração de Deus.

A menina serva e o general orgulhoso

A pequena menina escrava e Naamã, de 2 Reis 5

Naamã foi um homem muito importante, em um exército muito importante de uma cidade muito importante. Veja só, ele foi muito, muito, muito importante.

Mas Naamã estava doente. Ele tinha lepra, que é uma coisa horrível que faz você parar de sentir as coisas, como dedos esmagados e pisadas nos dedos dos pés. Pedaços de você caem sem você perceber. Poderia parecer engraçado, mas não era — e Naamã certamente não estava dando gargalhadas. Não existia cura para a lepra. Ela nunca ia embora, e no final levava à morte. Naamã precisava de ajuda.

Existia uma pequena menina escrava que trabalhava para Naamã e ela sabia de alguém que poderia ajudá-lo. Mas havia um problema: Naamã era seu inimigo.

Não fazia muito tempo, Naamã tinha enviado um exército para invadir sua casa em Israel. Ele tinha matado sua família inteira, levou a menina para a Síria e fez dela sua escrava. Todas as noites ela chorava sozinha antes de dormir. Ela tinha perdido tudo.

Porque ela iria, entre todas as pessoas, querer ajudar Naamã?

Ela não o odiava e queria feri-lo? Ela não queria fazê-lo pagar pelos erros que tinha cometido?

É isto que você esperaria, mas ao invés dela odiá-lo, ela o amava. Ao invés de feri-lo, ela o perdoou.

"Eu quero que Naamã fique bom!" — ela disse para sua patroa. "Há um homem em Israel chamado Eliseu que pode curá-lo!"

"Eu irei!" — disse Naamã, carregando suas carroças e colocando sua armadura flamejante. "Mas eu irei para o palácio porque é naquele lugar que alguém importante como eu deve ser curado!"

Então ele se apressou para Israel e foi diretamente para o rei.

"Minha cura, por favor!" — Ele anunciou.

"Eu posso fazer muitas coisas!" — o rei respondeu. "Mas só Deus pode curá-lo!"

Logo então uma mensagem de Eliseu chegou. "Mande Naamã vir aqui!" — o rei leu.

Então Naamã correu para casa de Eliseu. Mas Eliseu nem mesmo veio cumprimentá-lo. Ele enviou um criado para falar com Naamã. "Eliseu não percebe quem eu sou?" — Naamã pensou.

Mas o que aquele criado disse a seguir fez com que ele ficasse ainda mais desconfiado. "Lave-se aqui!" — ele disse.

"Apenas lavar-me?" Naamã riu. "Naquele rio cheio de lodo, desprezível?" Ele olhou em volta para ver se isso era algum tipo de piada. Mas não era. "Qualquer pessoa pode se lavar em um rio!" — ele pensou. "Eu sou Naamã. Eu sou importante. Eu deveria fazer alguma coisa importante então Deus me curaria!" Ele foi embora com raiva. (Claro que você e eu sabemos que não é assim que Deus faz as coisas. Naamã não precisava de nada. Isto era a única coisa que Naamã não tinha).

Deus sabia que Naamã estava mais doente ainda por dentro do que por fora. Naamã era orgulhoso. Ele pensava que não precisava de Deus. Seu coração não agia corretamente. Ele não podia sentir nada. Vejam, Naamã tinha lepra em seu coração. Deus não ia curar apenas a pele de Naamã; Ele ia curar o seu orgulho.

Naamã finalmente concordou em se lavar no rio, e rapidamente sua pele tornou-se macia como a pele de um bebê.

Naamã quis pagar Eliseu.

"Deus te curou. Você não pode pagar!" — Eliseu disse. "É grátis".

E foi assim que um homem muito doente foi curado. Tudo por causa da pequena serva que o perdoou.

Deus sabia que o pecado é como a lepra. Isto fez os corações de seus filhos deixarem de serem corretos, e no fim os mataria. Anos mais tarde, Deus ia enviar outro Servo para perdoar, como a menina fez — Para perdoar todos os filhos de Deus e curar as terríveis doenças em seus corações.

Seus corações estavam partidos.

Mas Deus pode restaurar corações partidos.

Operação "sem mais lágrimas!"

O Salvador virá: profecias de Isaías 9,11,40,50,55,60

VOCÊ SABE O QUE o seu nome significa? Bem, Havia uma vez um homem chamado Isaías, e seu nome significava "Deus que te salva!" Esse nome poderia soar como um nome um pouco engraçado para você, mas este foi um nome perfeito para Isaías, porque Deus tinha um trabalho especial para ele. Veja, o trabalho de Isaías era ouvir a Deus e depois falar às pessoas o que ele ouviu.

Então, Deus deixou Isaías saber de um segredo. Deus iria restaurar o mundo despedaçado. Ele mostraria para Isaías o seu Plano Secreto da Salvação: Operação "Sem Mais Lágrimas"

Esta é a mensagem que Deus deu para Isaías (Era como uma carta que Deus escreveu para seus filhos)...

Querido pequeno rebanho:

Todos vocês estão vagando longe de mim em um campo aberto. Vocês sempre estiveram fugindo de mim. E agora vocês estão perdidos. Vocês não conseguem encontrar o caminho de volta.

Mas eu não posso deixar de amá-los. Eu virei para encontrar vocês. Então estou enviando a vocês um Pastor para cuidar de vocês e amá-los. E trazê-los para mim.

Vocês têm andado tropeçando como pessoas em uma sala escura.
Mas nessa escuridão, uma Brilhante luz iluminará! E cobrirá todas as sombras, como um sol brilhante.
Um pequeno bebê nascerá. Uma Nobre Criança. Sua mãe será uma virgem, uma jovem mulher que não tem marido. Seu nome será Emanuel, que significa "Deus veio viver conosco!"
Ele é um dos filhos dos filhos dos filhos do Rei Davi.
Ele é o Príncipe da Paz.
Sim, alguém virá e os salvará!
Mas Ele não será quem esperam.

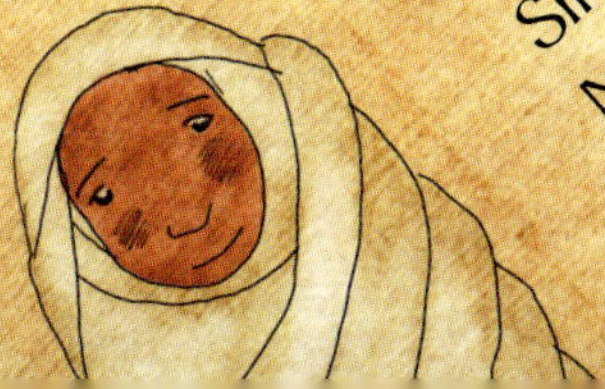

Ele será um Rei! Mas Ele não viverá em um palácio. E Ele não terá muito dinheiro. Ele será pobre.

E Ele será um servo. Mas este Rei irá curar o mundo inteiro.

Ele será um herói! Ele lutará pelo seu povo, e os salvará dos seus inimigos. Mas Ele não terá grandes exércitos e não lutará com espadas.

Ele fará o cego ver, e fará o manco pular como um cervo!

Ele fará tudo da maneira que sempre deveria ter sido.

Mas as pessoas irão odiá-lo, e elas não o ouvirão.

Ele será como um cordeiro — sofrerá e morrerá.

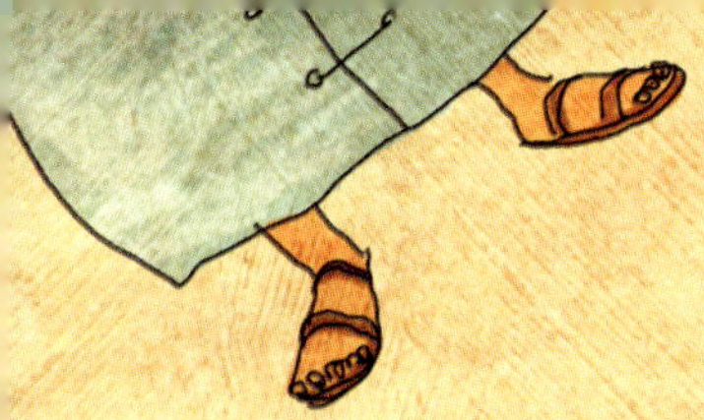

Este é o Plano Secreto da Salvação que nós planejamos —
Desde antes do início do mundo!
Este é o único jeito de trazê-los de volta.
Mas Ele não permanecerá morto — Eu o farei viver outra vez!
E, um dia, quando Ele voltar para reinar para sempre, as
montanhas e as árvores irão dançar e cantar de alegria!
A terra irá gritar alto! Sua fama encherá toda a terra — assim
como as águas cobrem o mar! Toda tristeza estará encerrada. Até
mesmo a morte morrerá!
E Ele limpará de todos os olhos todas as lágrimas.
Sim, o Salvador virá. Procure por Ele. Assista-o.
Espere por Ele. Ele virá!
Eu prometo.

Pobre Isaías. Ele leu a carta de Deus vezes e vezes para o povo de Deus. Mas ninguém o escutou — nada. Eles não queriam ouvir a promessa de Deus. Eles não acreditavam. Talvez parecesse muito bom para ser verdade?

Uma história que terminaria alegremente desde então? E, como alguém falaria rapidamente para você, as histórias não são verdades.

Ou são?

Amor, Deus

Daniel e a preocupação assustadora

Daniel e a cova dos leões, de Daniel 6

AS COISAS NÃO pareciam boas para o povo de Deus. Eles tinham sido capturados e levados para longe de casa — e agora eram escravos do rei da Babilônia. Mas Deus não havia deixado o seu povo. Ele estava com eles e estava cuidando deles.

Daniel amava a Deus e o obedecia. Deus fez Daniel ser capaz de entender muitas coisas difíceis, então não demorou muito para que o rei da Babilônia o notasse. O rei Dario gostou de como Daniel era inteligente. Então ele fez Daniel ser o ajudante mais importante de todos, e o colocou no comando de muitos outros ajudantes.

Mas os outros ajudantes não gostaram disso. Eles queriam que o rei os tivesse como melhores.

Eles queriam se livrar de Daniel.

Então eles olharam Daniel, e tentaram encontrar coisas erradas nele, coisas nas quais eles pudessem contar ao rei, coisas que eles pudessem... Mas não encontraram nenhuma. Nada. Não conseguiram encontrar definitivamente nada.

Com exceção de apenas uma coisa: Todos os dias, três vezes ao dia — sem falta, não importava o que acontecesse — Daniel ia para sua sala, fechava a porta e orava.

Eles sorriram um para o outro. "Vamos tentar conseguir que o rei faça esta lei — Não será permitido orar para ninguém, APENAS PARA O REI! Desta forma, Daniel não obedeceria esta lei e seria punido!"

Eles estavam contentes consigo mesmos por serem tão inteligentes, e saíram às pressas para falar com o rei. O rei gostou da idéia.

Ele não sabia que eles o estavam enganando. Então ele fez uma lei: "Todos deverão orar — apenas para mim! Se não fizerem isto os leões terão vocês como almoço!"

Daniel ouviu isto. Ele sabia que era errado orar para outro pessoa que não fosse Deus. Ele tinha que fazer o que Deus disse — a todo custo, até mesmo se isso significasse a sua morte. Então Daniel foi para sua sala, fechou a porta e orou.

E era exatamente isto que os homens maus sabiam que Daniel faria. Eles deram um salto e foram imediatamente falar com o rei. "Oh, vossa ilustre alteza, sua lei diz que todos devem orar somente para o senhor, Majestade?"

"Sim" — disse o rei.

"Oh, brilhante majestoso, então corrija-nos se estivermos errados, mas... parece que Daniel estava orando para Deus, NÃO PARA O SENHOR!"

O rei ficou triste. Ele tinha sido enganado! Ele não queria ferir Daniel, mas não poderia mudar sua lei. Então ele deixou os soldados lançarem Daniel para os leões. "Talvez o seu Deus que você ama tanto o salve!" — o rei disse.

O rei voltou para seu palácio, mas não dormiu aquela noite. Nem uma piscadela. Ele se sacudia e se virava, até que finalmente, no primeiro raiar do dia, ele saltou da cama e correu diretamente para a cova. "Daniel?" — ele gritou. "O seu Deus te salvou?"

"SIM" — Daniel gritou. "Deus enviou um anjo para fechar a boca dos leões!"

E lá, descansando sua cabeça no colo de Daniel, estava o maior leão, ronronando como um pequeno gatinho.

O rei tirou Daniel da cova. "Veja!" — ele disse. "Daniel não tem sequer um arranhão!"

O rei fez uma nova lei: "O Deus de Daniel é o Deus verdadeiro. O Deus que salva! Orem para ele ao invés de orarem para mim!"

Deus continuaria salvando o seu povo. E viria o tempo quando Deus enviaria outro bravo herói, como Daniel, que amaria a Deus e faria o que Ele disse — a todo custo, mesmo que isso significasse a sua morte.

E juntos Eles realizariam A Maior Salvação que o mundo já teria conhecido.

Mensagem de Deus

Jonas e o grande peixe, de Jonas 1—4; Hebreus 1.1, 2

DEUS TINHA UM trabalho para Jonas. Mas Jonas não quis "ir para Nínive". Deus disse: "Diga aos seus piores inimigos que eu os amo!"

"Não!" — disse Jonas. "Lá existem pessoas más, fazendo coisas ruins!"

"Exatamente!" — disse Deus. "Eles estão correndo de mim. Mas eu não posso deixar de amá-los. Eu darei a eles uma nova chance. Eu irei perdoá-los."

"Não!" — disse Jonas. "Eles não merecem!"

"Eu vou fugir!" — Jonas disse para si mesmo. "Longe — para tão longe que Deus não poderá me encontrar. Então eu não terei que fazer o que Deus disse! Este é um bom plano!" — ele disse, porque pelo que ele sabia, o plano era bom.

Mas é claro que este não era um bom plano. Este era um plano tolo. Porque você pode até correr de Deus, mas Ele sempre virá e te encontrará.

Jonas seguiu adiante com o seu plano não tão bom. “Uma passagem, MENOS para Nínive, por favor!” — ele pediu, e entrou em um barco que ia em direção oposta a Nínive.

Bem, não demorou muito para que um vento forte começasse a soprar, e o barco começasse a sacudir, balançar e bater — e cada tripulante começou a sentir enjôo. Jonas sentou-se amedrontado em sua cama. Vejam vocês, a primeira coisa que deu errado com o plano não muito bom de Jonas foi que Deus enviou uma grande tempestade em sua direção. Os marinheiros não conseguiam controlar o navio. "Nós estamos afundando!" — eles gritaram, e começaram a lançar ao mar malas, comida, tudo o que encontravam.

E Jonas sabia que a tempestade veio por causa da sua falha com Deus. "Lance-me ao mar ao invés das bagagens!" — ele gritou para os marinheiros. "E a tempestade cessará!" Os marinheiros não tinham certeza do que ele dizia! "Esta é a única maneira de vocês se salvarem!" — Jonas gritou.

E então, um... dois... três...

SPLASH!

Logo que lançaram Jonas na água as ondas se acalmaram, o vento diminuiu e a tempestade parou.

Exatamente quando Jonas achou que tudo estava acabado, quando ele estava certo de que iria se afogar, Deus enviou um grande peixe para salvá-lo. O peixe engoliu Jonas — em apenas um gole.

Jonas deve ter pensado que morreria. Lá era tão escuro como uma tumba.

Então Jonas sentiu cheiro de comida podre e de alga enlodada, e assim ele soube que não estava morto. Ele estava na barriga do peixe!

Sentado lá na escuridão por três dias inteiros, Jonas teve muito tempo para pensar. Logo ele percebeu que seu plano foi, bem... um plano realmente muito tolo. Ele estava arrependido por ter fugido. Ele orou a Deus de dentro do grande peixe e pediu a Deus que o perdoasse.

Depois de três dias, o peixe cuspiu Jonas a salvo na areia de uma praia.

Neste instante, Jonas ouviu alguém chamando o seu nome. "Vá para Nínive!" — Deus disse. "Agora?" Jonas perguntou. "SIM!" E ele foi diretamente para Nínive e falou para todos a maravilhosa mensagem de Deus.

"Embora vocês tenham corrido para longe de Deus, Ele não pode deixar de amá-los!" — Jonas disse a eles. "Corram para Ele! Desta forma, Ele poderá perdoá-los!"

As pessoas de Nínive ouviram Jonas e começaram amar a Deus. Eles aprenderam a fazer o que Deus disse e pararam de correr dEle — exatamente como Jonas.

Muitos anos mais tarde Deus iria enviar outra Mensageiro com a mesma mensagem maravilhosa. Como Jonas, Ele ficaria três dias em uma escuridão absoluta.

Mas este Mensageiro seria o próprio Filho de Deus. Ele seria chamado "A Palavra" porque Ele mesmo seria a mensagem de Deus. A mensagem de Deus traduzida na nossa própria língua. Tudo que Deus queria dizer para o mundo todo — por uma Pessoa.

Preparem-se!

O povo de Deus volta a se tornar escravo, de Neemias 8—10, Malaquias1, 3 e 4; Esdras 7

VOCÊ JÁ FOI a uma festa que durasse a semana inteira? E a um sermão que durou um dia inteiro? Bem, foi o que aconteceu com o povo de Deus, depois que eles vieram para casa e se tornaram escravos. Eles tinham esquecido de como Deus queria que eles vivessem, ou como eles deveriam ser. Então Esdras e Neemias leram para eles as leis que Deus tinha dado para Moisés. Mas algo estranho aconteceu: o sermão que eles ouviram foi o mais triste de todos. Por quê? O sermão foi chato? Não, não. Era estranho. Vejam; assim que Esdras leu o livro das leis, foi como um espelho. Isto mostrou a eles como eles estavam, e eles não gostaram do que viram.

Eles viram que não estavam vivendo da forma que deveriam. Eles viram que estavam sendo cruéis e egoístas. "Nós fizemos isto!" Eles gritaram. "Agora Deus irá nos punir!"

Eles pensaram que sabiam o que Deus iria fazer, mas não sabiam. Claro, eles poderiam pegar uma dica com o nome de Esdras, que significa "A ajuda está aqui!" ou até mesmo uma dica melhor com o nome de Neemias, porque este nome significa "Deus limpa nossas lágrimas." E assim, como vocês verão, era exatamente isso que Deus estava se preparando para fazer.

Esdras olhou para os filhos de Deus. Lágrimas ardentes estavam brotando em seus olhos e escorrendo por suas bochechas. Ele parou o sermão — pela metade — e fechou o livro. "Nós teremos uma festa!" — ele gritou.

E então foi exatamente isto que ele fez! Durante a semana inteira.

"Deus quer que sejamos felizes!" — disse Esdras.

Todos os dias eles ouviram histórias sobre as coisas maravilhosas que Deus tinha feito pelo seu povo. Como Ele fez o mundo, como Ele deu uma promessa especial para Abraão, como os salvou da escravidão, como falou para Moisés e os mostrou como viver, como os levou para uma terra especial, como os salvou. Não importava que tivesse sido repetidas e inúmeras vezes — Porque Ele nunca pararia, nunca desistiria, sempre e para sempre os amaria.

Eles se lembraram de como Deus tinha sempre, através dos anos, sido amável com seus filhos — mantendo sua promessa para Abraão, cuidando deles, perdoando-os. Mesmo quando eles o desobedeciam. Mesmo quando eles corriam dEle. Mesmo quando eles pensavam que não precisavam dEle.

Então Deus disse algo mais aos seus filhos...

Eu não deixo de amá-los.
Vocês são os tesouros do meu coração.
Mas eu os perdi.
Agora eu estou voltando para vocês.

Eu sou como o sol que brilha sobre vocês gentilmente,
Perseguindo a escuridão o medo e a morte.
Vocês serão tão felizes
Vocês serão como bezerros correndo livres
em um campo aberto.

Eu estou enviando o meu Mensageiro — o Prometido.
Aquele a quem vocês devem esperar.
O Salvador.

Ele está vindo. Então, Preparem-se!

Levaram séculos para o povo de Deus estar pronto, mas agora estava quase chegando o tempo para a melhor parte do plano de Deus.

O próprio Deus estava vindo. Não para punir o seu povo — mas para perdoá-los.

Deus estava se preparando para limpar todas as lágrimas de todos os olhos.

E a verdadeira festa já estava quase começando...

Ele está aqui!

O Nascimento, de Lucas 1,2

TUDO ESTAVA PRONTO. O momento que Deus tinha esperado havia chegado finalmente! Deus estava vindo para ajudar seu povo, assim como Ele prometeu no início.

Mas como Ele viria? Como Ele seria? O que Ele faria?

Montanhas teriam se curvado. Mares teriam rugido. Árvores teriam aplaudido com suas mãos. Mas a terra prendeu seu fôlego. Tão silencioso quanto a neve caindo, Ele veio. E quando ninguém estava olhando, na escuridão, Ele veio.

Havia uma jovem mulher que estava noiva de um homem chamado José. (José foi o bis-bis-bis-bis-bisneto do rei Davi).

Em uma manhã, esta mulher estava cuidando de suas coisas quando, de repente, um anjo de luz apareceu — bem à sua frente em seu quarto. Ele era Gabriel, e era um anjo, um mensageiro especial do céu.

Quando viu o homem alto brilhando parado em pé, Maria ficou amedrontada.

"Você não precisa ficar assustada!" — Gabriel disse. "Deus está muito feliz com você!"

Maria olhou para os lados para ver se talvez ele estivesse falando com outra pessoa.

"Maria" — Gabriel disse e sorriu com tanta alegria que os olhos de Maria encheram-se de lágrimas.

"Maria, você vai ter um bebê. Um pequeno menino. Você irá chamá-lo de Jesus. Ele é o próprio Filho de Deus. Ele é o único! Ele é o Salvador!"

O Deus que lançou planetas no espaço e os mantém girando e girando, o Deus que formou o universo com apenas uma palavra, o que poderia fazer qualquer coisa do nada — está se fazendo pequenino. E está descendo como um bebê.

Espere. Deus está enviando um bebê para salvar o mundo?

"Mas isso é tão maravilhoso!" — Maria disse e sentiu seu coração batendo forte. "Como isso pode ser verdade?"

"Alguma coisa é tão maravilhosa para Deus?" — Gabriel perguntou.

Então Maria confiou em Deus mais do que os seus olhos poderiam ver.

E ela acreditou. "Eu sou uma serva de Deus!" — ela disse. "O que quer que Deus mande, eu farei."

E aconteceu exatamente como o anjo tinha dito. Nove meses depois, Maria estava pronta para ter o seu bebê.

Naqueles dias, Maria e José fizeram uma viagem até Belém, a cidade de onde era o rei Davi. Mas quando eles chegaram à pequena cidade, encontraram todos os quartos cheios. Todas as camas estavam tomadas.

“Vão embora!” — o hospedeiro disse a eles. “Não há nenhum lugar para vocês!”

Onde eles iriam ficar? Mais tarde o bebê de Maria chegaria. Eles não conseguiram encontrar nenhum lugar, exceto um velho estábulo prestes a cair. Então eles ficaram onde as vacas, os patos e os cavalos estavam.

E lá, no estábulo, entre as galinhas, os patos e as vacas, no silêncio da noite, Deus deu ao mundo seu maravilhoso presente. O bebê que mudaria o mundo nasceu. Seu bebê menino.

Maria e José o embrulharam e o aqueceram. Eles fizeram uma cama de palha macia usando o cocho que alimentava os animais como berço. E eles contemplaram maravilhados o grande presente de Deus, envolvendo-o com roupas dobradas, e colocando-o em uma manjedoura.

Maria e José o chamaram de Jesus, "Emanuel" — que significa "Deus está vivendo conosco!"

Porque, certamente, Ele estava.

A luz de todo o mundo

A história dos pastores, de Lucas 2

NAQUELA MESMA NOITE, entre as outras estrelas, de repente uma nova estrela luminosa apareceu. Ela destacava-se de todas as estrelas na escuridão da noite no céu, uma que iluminava com seu brilho. Brilhava na noite e fazia as outras estrelas parecerem pálidas perto de si.

Deus a colocou lá quando seu filho bebê nasceu — para ser como um marco luminoso, brilhando sobre Ele, iluminando na escuridão. Mostrando às pessoas o caminho até Ele.

Vejam, Deus era como um novo papai – Ele não poderia manter as boas novas para Ele mesmo. Ele havia esperado todos estes longos anos por este momento, e agora Ele queria contar para todos.

Então Ele eliminou todos os obstáculos. Ele enviou um anjo para contar a Maria as boas notícias. Ele colocou uma estrela especial no céu para mostrar onde o bebê estava. E agora ele estava enviando um grande coral de anjos para cantar sua feliz música para o mundo: *Ele está aqui! Ele veio! Vão e o vejam. Meu pequeno menino.*

Para onde você enviaria seu esplendoroso coral? Para uma grande sala de concerto talvez? Ou para um palácio, quem sabe? Deus o enviou para uma pequena montanha, fora da pequena cidade, no meio da noite. Ele enviou todos aqueles anjos para cantarem a um cansado grupo de velhos pastores que estavam cuidando de suas ovelhas fora de Belém.

Naqueles dias, lembrem-se, as pessoas costumavam rir dos pastores e dizer que eles eram fedorentos e chamá-los com outros nomes rudes (que eu não poderia mencioná-los aqui). Vejam, as pessoas pensavam que os pastores não eram ninguém, apenas pessoas sujas, velhas e desprezíveis.

Mas Deus deve ter pensado que os pastores eram realmente muito importantes, porque foram eles que Deus escolheu primeiro para contar as boas notícias.

Naquela noite alguns pastores estavam em campos abertos, esquentando-se perto de uma fogueira, quando de repente as ovelhas saltaram. Elas ficaram amedrontadas com alguma coisa. As oliveiras cochicharam. O que foi aquilo... Asas batendo?

Eles se viraram. Em frente a eles levantou-se um enorme anjo de luz, brilhando na escuridão. "Não tenham medo de mim!" — o anjo luminoso disse. "Eu não vim para machucá-los. Eu vim trazer a vocês boas notícias para todas as pessoas em todos os lugares! Hoje, na cidade de Davi, em Belém, nasceu o Filho de Deus! Vocês poderão ir e vê-lo. Ele está dormindo em uma manjedoura!"

Atrás do anjo eles viram uma estranha nuvem de fogo — mas não era uma nuvem, eram anjos... Tropas e tropas de anjos, vestidos de luz! E eles estavam cantando uma linda canção: "Glória a Deus! A Deus seja o louvor e honra e glória!"

E tão rápido quanto apareceram, os anjos saíram.

Os pastores refletiram seu brilho, deixaram suas ovelhas, correram pela grama descendo a colina, atravessando os portões de Belém, descendo pelas ruas estreitas, pelos pátios, andando, andando, andando, passam por uma hospedaria, viram a esquina, por uma cerca viva, até que, enfim, eles alcançaram...

O estábulo prestes a cair.

Eles prenderam a respiração. Depois, tranquilamente, eles entraram.

Eles ajoelharam-se no chão sujo. Eles tinham ouvido sobre a criança prometida, e agora Ele estava aqui. O Filho celestial. O que fez as estrelas. Um bebê dormindo nos braços de sua mãe. Este bebê seria como aquela estrela luminosa que brilhava no céu aquela noite.

A luz que ilumina o mundo todo, destruindo a escuridão e ajudando as pessoas a enxergarem.

E a noite ficou mais escura, e a estrela mais luminosa.

O Rei dos reis

A história dos três homens sábios, de Mateus 2

BEM DISTANTE, no leste, três homens sábios viram a mesma estrela. A estrela que Deus havia colocado no céu quando Jesus nasceu. Eles sabiam que este era um sinal. O Rei bebê tinha nascido.

Eles estavam esperando por esta estrela. Eles sabiam que ela viria.

"Ele está aqui!" Eles gritaram. "Ele está aqui!" (E eu estou certo de que se vocês estivessem lá, vocês teriam os escutado rindo, dançando e cantando até o sol nascer!)

Ao amanhecer eles colocaram a malas nos camelos e embrulharam presentes para o bebê. Eles trouxeram os mais preciosos tesouros de todos: Incenso, ouro e mirra. Brilhos, cheiros agradáveis, coisas deslumbrantes — certas para um Rei.

Aqueles três homens sábios (Hoje, se vocês os encontrassem, pensariam que eles eram reis porque eles eram muito ricos, inteligentes e de aparência importante) andaram: Em grupo

Montaram em seus camelos...

Por desertos infinitos...

Subiram montanhas íngremes...

Desceram em vales profundos...

Por rios furiosos...

Por planícies cobertas de grama...

Noite e dia, dia e noite e mais dias, que se transformaram em semanas, que se transformaram em meses, até que finalmente, eles chegaram...

Jerusalém.

Jerusalém foi, sem dúvida alguma, a cidade mais importante entre todas ao redor, como qualquer pessoa pode dizer a vocês onde teria um palácio. E como reis nasciam em palácios, para lá que os três sábios foram.

Mas eles tiveram uma surpresa.

Eles foram ver o rei Herodes. Certamente ele saberia onde o bebê estava.

Mas ele não sabia. Na verdade, ele não gostou de ouvir falar em um novo rei — isso o deixou desconfiado. Ele não queria que ninguém fosse rei, exceto ele.

Mas os conselheiros de Herodes disseram aos três homens sábios o que estava escrito em seus livros – que Deus tinha falado sobre o rei bebê: "Vão até Belém. É lá aonde vocês irão encontrá-lo!"

De repente a estrela que eles tinham visto no leste, começou a mover-se outra vez, mostrando a eles o caminho. Então os três homens sábios seguiram a estrela para fora da grande cidade, pela estrada, dentro da pequena cidade de Belém. Eles seguiram a estrela pelas ruas de Belém, para fora da melhor parte da cidade,

pela parte não tão boa da cidade, em uma parte um pouco suja, até que pararam diretamente em uma pequena casa. Mas esperem. Isto não era um palácio. E Não havia nenhum guarda, ou criados, ou sinais, ou tapete vermelho, ou trompetes ou nenhuma coisa. Eles estavam errados?
Ou era isso mesmo o que Deus queria dizer?

Certamente, naquela pequena casa, sentado no colo de sua mãe — eles o encontraram. O bebê rei. Os três homens ajoelharam-se diante do pequeno rei. Eles tiraram seus ricos turbantes, mostrando coroas de ouro. Eles curvaram suas nobres cabeças e deram a ele seus tesouros cintilantes.

A jornada que havia começado muitos séculos antes levou três homens sábios lá. Para uma pequena cidade. Para uma pequena casa. Para uma pequena criança. Para o Rei que Deus tinha prometido a Davi todos aqueles anos atrás.

Mas esta criança era um novo tipo de rei. Embora fosse o Príncipe do céu, Ele tinha ficado pobre. Embora fosse o poderoso Deus, Ele tornou-se um bebê indefeso. Este rei não tinha vindo para chefiar. Ele tinha vindo para servir.

Céu aberto

A história de João Batista, de Mateus 3, Lucas 1,3, João 1

NA MESMA ÉPOCA em que Jesus nasceu, outro bebê tinha nascido. Seu nome era João, e Deus tinha um trabalho especial para ele. João iria deixar todas as pessoas prontas para receber Jesus. No dia em que João nasceu, seu pai soube que a promessa de Deus para Abraão estava se tornando realidade — Deus estava enviando o Salvador. E ele estava tão feliz que cantou uma canção:

Porque Deus nos ama sem parar,
Sem nunca desistir, sem se cansar,
Sempre e para sempre nos ama — o céu está se abrindo!
Ele está nos enviando uma luz do céu
Para brilhar em nós como o sol;
Para trazer luz aos que vivem nas trevas
E na sombra da morte
Para guiar nossos pés no caminho de paz.

Então João cresceu e, bem, para falar a verdade, ele era um pouquinho incomum. Ele viveu no deserto. Ele usava roupas rústicas e sarnentos feitos de pelos de camelo. Ele tinha uma grande, grande barba cheia e um longo, longo cabelo despenteado. E aqui está a coisa mais esquisita de todas: ele comia apenas gafanhotos (pequenos ou grandes, rastejantes e crocantes gafanhotos), que ele mergulhava no mel (provavelmente para disfarçar o gosto).

Mas Deus enviou João para falar ao povo uma coisa importante: "Parem de correr para longe de Deus, e ao invés disso, corram para Ele!" — João disse. "Vocês precisam ser salvos. Eu tenho boas notícias — o Salvador está vindo! Deixem seus corações preparados para Ele. Sim! Estejam preparados, porque o seu Rei está voltando para vocês!"

Uma grande multidão ouviu João. Eles estavam arrependidos por terem pecado, e queriam parar de correr para longe de Deus. Eles queriam ser salvos. Então João Batista os batizou — que significa que ele os mergulhou na água. Isto mostrava que eles queriam seguir a Deus e começar uma nova vida.

Um dia João estava batizando pessoas no Rio Jordão como de costume, quando ele olhou e viu um homem caminhando para a margem do rio.
Deus falou calmamente para João: “É este!” O coração de João saltou. Este era o momento que ele esperou por toda sua vida.
“Vejam!” — João disse, quando Jesus desceu às águas. Mas sua voz saiu como um sussurro. Ele não poderia

fazer nenhum barulho. Era tudo o que ele poderia fazer até mesmo para falar. "O cordeiro de Deus... O melhor cordeiro de Deus... Que tira o pecado de todo o mundo."

"Você me batiza também? — Jesus perguntou.

"Quem sou eu" — João respondeu — "para batizá-lo?"

"Isto é o que Deus quer que eu faça!" — Jesus disse.

Então João batizou Jesus.

De repente, foi como se alguém tivesse retirado as cortinas de um quarto escuro, como se o céu estivesse se aberto, porque uma bonita luz surgiu através das nuvens e brilhou em Jesus como se o tivessem banhando a ouro. Gotas de água brilharam e reluziram como minúsculos diamantes em seus cabelos.
Uma pomba branca pousou e gentilmente descansou em Jesus.
E uma voz veio do céu. Era clara, forte e alta então todos puderam ouvir. “Este é o próprio filho. E eu o amo. Eu estou muito alegre com Ele!” — Deus disse. “Escutem-no!”
O céu estava aberto.
O grande Salvador havia chegado...

Vamos!

Jesus é tentado no deserto e escolhe seus ajudantes,
Mateus 4, Marcos 1, Lucas 4—6

DEPOIS QUE JESUS FOI BATIZADO, saiu diretamente pra o deserto. (Que parecia ser um lugar estranho para ir porque, como vocês sabem, deserto é muito quente, e não existe comida alguma ou água ou lugares para ficar.) Mas Jesus precisou pensar sozinho e estar em um lugar quieto e solitário. Ele precisava estar com seu Pai do céu para certificar-se de sua nova vida.

No deserto Jesus pensou no Secreto Plano da Salvação que Ele fez com Deus. Antes da fundação do mundo, eles sabiam o que aconteceria. Para a salvação dos filhos de Deus, Jesus teria que morrer. Não havia outra forma. Esta era a razão de Ele ter vindo.

Agora, aquele velho inimigo — o que falou através da cobra para Adão e Eva no jardim. Lembram-se dele? — ele não queria que Jesus salvasse o povo de Deus. Então ele mentiu para Jesus.

"Você é realmente o próprio Filho de Deus?" ele sussurrou. "Pobrezinho. Deus não deve te amar. Você não precisa morrer. Faça o que eu disser!"

"Não!" Jesus disse para o mentiroso. "Eu farei o que Deus disser."

E daquele momento em diante, nada seria o mesmo.

Jesus não era como Adão. Jesus era um novo tipo de homem. Ele não acreditaria na terrível mentira que o inimigo falou. Jesus sabia que Deus o amava. E Ele confiava em Deus. Não importavam as circunstâncias.

Foi exatamente como Deus havia prometido para Adão e Eva todos aqueles anos antes.

Jesus tinha vindo para lutar contra o trabalho da serpente. Ele iria libertar do pecado, das trevas e das lágrimas. E Ele iria sofrer — mas venceria.

Jesus deixou o deserto e concentrou-se na grande salvação. Ele ia trazer os filhos de Deus de volta.
Mas antes Ele precisava encontrar alguns ajudantes e amigos. Ele tinha muito para fazer. Ele precisaria de algumas pessoas para ajudá-lo.
Quem poderia ser bons ajudantes? O que vocês acham? Os inteligentes? Os ricos? Os fortes ou pessoas importantes? Algumas pessoas poderiam pensar assim, mas eu estou certa que agora você não precisaria de mim para dizer que elas estariam erradas. Porque o povo que Deus usava não tinha que saber muito, ou ter muitas coisas — eles tinham apenas que depender muito dEle.
Um dia Jesus estava caminhando pelo mar da Galiléia, quando viu alguns irmãos e amigos costurando suas redes. Eles eram homens pobres.
Jesus os convocou: "Vamos!"

Pedro, André, Thiago e João olharam para aquele homem na praia. E eles não puderam explicar isto: seus barcos precisavam ser guardados, suas redes precisavam de remendos e os peixes ainda estavam em zigue e zague na praia. Mas alguma coisa naquEle estranho os fez perder suas redes e seus peixes, deixar seus barcos — e todas as coisas — para segui-lo.

Este homem — Deus, era como alguém que eles tivessem encontrado. Quando eles olharam para Jesus, seus corações saltaram maravilhados, como uma felicidade infinita por dentro. Era como se eles estivessem correndo livres em um campo aberto. Jesus chamou 12 homens para serem seus ajudantes: Pedro, André, Tiago e João, Mateus, Filipe e Bartolomeu, Tomé, outro Tiago, Simão, Tadeu e Judas.
Conhecendo Jesus, suas vidas mudariam completamente.

Uma pequena menina e uma pobre frágil senhora

A história da filha de Jairo, de Lucas 8

ERA UMA VEZ uma pequena menina que não se levantou da cama pela manhã, e nem na outra, e nem na outra. Na verdade, ela não se levantou da cama o mês inteiro. Ela estava muito doente e ninguém sabia como fazê-la melhorar.

Jairo era seu pai e ele a amava. Um dia ele estava sentado próximo a ela segurando em suas mãos, pensando se havia algo que pudesse fazer — "Eu sei!" Ele deu um salto, colocou seu casaco, beijou sua filha, correu escadas abaixo, passo a passo, passando pelos criados, e saiu de casa. Atravessou o portão, caminhou pela estrada, pela cidade, passo a passo, e entrou no templo.

Ele lutou para passar por todas aquelas pessoas que estavam no templo até que, finalmente, ele encontrou quem estava procurando.

"Jesus!" — ele disse, caído aos pés de Jesus. "Minha filha!" — ele suplicou. "Por favor"

Mas ele não precisava implorar porque, mesmo antes que terminasse de falar, Jesus estendeu suas mãos e o ajudou a levantar-se. "Eu irei imediatamente" — Jesus disse.

Os olhos de Jairo se encheram de lágrimas. Jesus estava indo. Tudo daria certo.

Naqueles dias, claro, eles não tinham ambulâncias. Então eles precisavam ir a pé. Os ajudantes de Jesus sabiam que Ele curaria a menina doente — mas ficaram preocupados. Se Jesus não chegasse logo, seria tarde demais.

Mas todo mundo estava no caminho. Apressando e se apressando, empurrando e apertando e puxando, espremendo e sendo espremidos. Os discípulos forçavam a multidão para trás.
De repente Jesus parou. Seus amigos olharam para trás. O que Ele está fazendo?
"Quem me tocou?" — Jesus perguntou, porque Ele sentiu poder saindo de si.
"Eu" — disse uma frágil senhora olhando para baixo, para o chão porque estava envergonhada. A pobre senhora esteve doente por doze anos, e precisava ficar boa. Ela sabia que se apenas tocasse nas roupas de Jesus, seria curada. Então ela tocou em sua roupa e na mesma hora ela foi curada.

"Nós não temos tempo!" Os amigos de Jesus disseram. Mas Jesus sempre tinha tempo. Ele estendeu suas mãos e gentilmente levantou sua cabeça. Ele olhou em seus olhos e sorriu. "Você acredita?" — Ele perguntou, limpando a lágrima dos olhos dela. "Então você está curada!"

Exatamente naquele momento, o servo de Jairo correu até ele: "É tarde demais!" ele disse esbaforido. "Sua filha está morta."

Jesus se voltou para Jairo. "Não é tarde demais!" — Ele disse. "Confie em mim!"

Na casa de Jairo, todo mundo estava chorando. Mas Jesus disse: "Eu irei acordá-la." Todos riram dEle porque eles sabiam que ela estava morta.

Jesus entrou no quarto da pequena menina. Descansando no canto, nas sombras, ainda estava a pequena figura. Jesus sentou-se em sua cama e tocou sua mão pálida.

"Querida" — Ele disse — "É hora de levantar!" Ele tirou a menina da morte e a trouxe gentilmente de volta para a vida.

A pequena menina acordou, esfregando seus olhos como se ela tivesse apenas passado uma boa noite de sono, e pulou da cama.

Jesus abriu as cortinas e a luz do sol invadiu o quarto escuro.

"Você está com fome?" Jesus perguntou. Ela acenou com a cabeça que sim.

Jesus chamou a família da menina: "Tragam para esta garotinha um bom café da manhã!"

Jesus ajudou e curou muitas pessoas como esta. Ele fez cegos enxergarem. Ele fez surdos ouvirem. Ele fez mancos andarem.

Jesus fez o que era triste se tornar alegre.

Ele estava concertando o mundo quebrado de Deus.

Como orar

Jesus ensina o povo sobre a oração; paráfrase de A Oração do Senhor, de Mateus 6

NAQUELES DIAS havia algumas pessoas super, extra santas (Pelo menos era o que elas pensavam), e eles eram chamados fariseus. Todos os dias eles se levantavam no meio da rua e oravam em voz alta com uma super extra voz santa. Eles não estavam orando exatamente tanto quanto mostravam. Eles usavam muitas palavras especiais que eram tão inteligentes; que ninguém entendia o que elas queriam dizer. Pessoas que passavam por perto paravam e ficavam olhando, o que poderia parecer rude — mas era exatamente o que as pessoas extra super santas queriam. Eles queriam que todo mundo dissesse: "Olhem para eles. Eles são tão santos! Deus deve amar mais estas pessoas!" Mas vocês e eu sabemos que eles estavam errados — Deus não ama apenas pessoas santas. Mas as pessoas que passavam por perto não estavam tão certas disto. Talvez vocês pensem que teriam que ser realmente inteligentes, ou bons, ou importantes para Deus os amar. Talvez vocês pensem que teriam que saber muitas palavras difíceis, inteligentes para falar com Deus.

Então, um dia, Jesus ensinou às pessoas como orar. Ele disse: "Quando vocês orarem, não orem como aquelas pessoas super extra santas. Eles acham que se disserem muitas palavras, Deus irá ouvi-los.

Mas não é porque vocês são inteligentes, ou bons, ou importantes que Deus os ouvirá. Deus os ouve porque Ele os ama.

"Vocês sabiam que Deus está sempre os ouvindo? Vocês sabiam que Deus pode ouvir o sussurro mais quieto do seu coração, antes mesmo de você começar a dizê-lo? Porque Deus sabe exatamente o que você precisa antes mesmo que você o peça!" — Jesus disse a eles. "Vejam vocês, Deus não pode esperar para lhes dar tudo o que vocês necessitam. Então, vocês não precisam usar palavras longas ou especiais. Vocês não precisam usar uma voz especial. Vocês apenas têm que falar.

"Então, quando vocês orarem, orem com suas vozes normais, exatamente como quando você está falando com alguém que você ama muito.

Desta forma...

Oi papai!
Nós queremos te conhecer.
E estar perto de você
Por favor, mostre-nos como.
Faça tudo ficar direito no mundo outra vez
E em nossos corações também.
Faça o que for melhor — exatamente como é no céu,
E, por favor, faça aqui também.
Por favor, dá-nos tudo o que precisamos hoje.
Perdoa-nos pelo que fizemos de errado,
por termos te magoado.
Perdoa-nos como nós perdoamos outras pessoas
quando elas nos magoam.
Nos salve! Nós precisamos de ti.
Nós não queremos continuar correndo para longe
e nos escondendo de ti.
Mantenha-nos salvos dos nossos inimigos.
Você é um Deus forte.
Você pode fazer tudo o que quiser.
Você cuida de nós.
Agora, sempre e pra todo sempre!
Nós sabemos que você é grande!
Amém!
Sim nós faremos!

Vejam vocês, Jesus estava mostrando as pessoas que Deus sempre as amaria — sem nunca parar, nunca desistir, sem se cansar, sempre e para sempre as amaria. Então eles não precisariam mais se esconder ou ficar com medo, ou envergonhados. Eles poderiam parar de correr para longe de Deus. Ao invés disso, eles poderiam correr para Ele como uma pequena criança corre para os braços do seu pai.

O cantor

O sermão do monte, de Mateus 6, 9 e Lucas 12

ONDE QUER QUE JESUS FOSSE, as pessoas iam também. Elas amavam ficar perto dEle. Pessoas idosas, pessoas jovens, todos os tipos de pessoas vinham para ver Jesus. Pessoas doentes, pessoas saudáveis, pessoas felizes ou tristes. Pessoas preocupadas, muitas delas preocupadas com muitas coisas. Como seria se nós não tivéssemos comida suficiente? Ou roupas? Ou suponha que não tivéssemos dinheiro? Se não tivéssemos o suficiente? E se todas as coisas dessem errado? E se nós não estivéssemos bem? E então?

Quando Jesus viu todas aquelas pessoas, seu coração ficou cheio de amor por elas. Elas eram como um pequeno rebanho de ovelhas que nunca tiveram um pastor para cuidar delas. Então Jesus sentou-se com todos e falou para eles. As pessoas sentaram-se quietas na grama da montanha e ouviram. De onde estavam sentados, eles conseguiam ver o lago azul brilhando lá em baixo e pequenos barcos de pesca indo para a pesca noturna. O ar da primavera era fresco e claro.

“Vejam os pássaros lá em cima!” — Jesus disse. Todos olharam. Pequenos pardais estavam bicando as sementes ao longo do caminho pedregoso. “Onde eles fazem sua comida? Será que eles têm dispensas cheias de alimentos, ou armários cheios de comida?” Todos riram — quem já viu um passarinho com uma bolsa de mantimentos?

“Não!” — disse Jesus. “Eles não precisam se preocupar com isso porque Deus sabe o que eles precisam e Ele os alimenta!”

"E quanto a essas flores do campo?"
Todos olharam. Todas as flores em volta deles estavam crescendo. Anêmonas, margaridas, puros lírios brancos.
"O que eles fazem para ter estas lindas roupas? Eles as costuram? Ou trabalham todos os dias para poder comprá-las? Eles têm guarda-roupas cheio delas?"
Todos riram de novo — Quem já viu uma flor colocar um vestido?
"Não!" Jesus disse. Elas não precisam se preocupar com isso porque Deus as veste com roupas reais de esplendor. Nem mesmo um rei está vestido assim!"

Eles nunca viram um rei brilhando tanto como o lago que estava abaixo deles. A ladeira estava vestida de flores rosa, vermelha e dourada. Eles sentiram um grande aperto em seus corações. Eles não poderiam imaginar nada mais bonito.

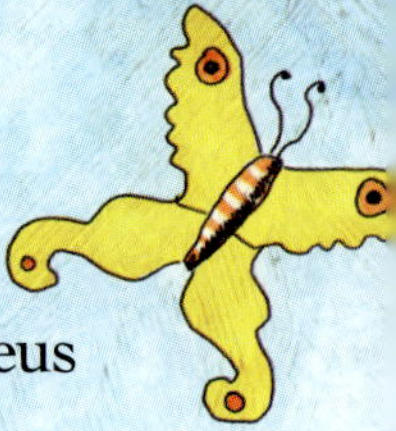

"Pequeno rebanho" — Jesus disse — "Vocês são mais importantes que os pássaros! Mais importante do que as flores! Os pássaros e as flores não se preocupam com as coisas. E Deus não quer que seus filhos se preocupem também. Deus ama cuidar dos pássaros e das flores e Ele ama cuidar de vocês também!"

Jesus sabia que Deus sempre os amaria e olharia o mundo que Ele fez — tudo que há nele — pássaros, flores, árvores, animais, tudo! E mais do que tudo, seus filhos.

Embora as pessoas tenham esquecido, os pássaros e as flores não esqueceram — Eles ainda sabiam sua musica. Era a musica que toda a criação de Deus cantou para Ele desde o início. Era a musica que o coração das pessoas fizeram para cantar.

"Deus nos fez. Ele nos ama. Ele está muito alegre com todos nós!"

Este era o motivo pelo qual Jesus veio ao mundo: cantar para eles esta maravilhosa musica; para cantar não apenas com suas vozes, mas com toda sua vida — então os filhos de Deus poderiam se lembrar e cantá-la também.

O Capitão da tempestade

A tempestade no lago, de Marcos 4 e Mateus 8

O SOL ESTAVA SE PONDO. O ar ainda estava quente. “Vamos para o lago!” — Jesus disse aos seus amigos. Ele tinha ajudado pessoas o dia inteiro e agora estava cansado. Então Ele deixou a multidão na beira do lago e sentou-se em um pequeno barco de pesca.

Jesus entrou no barco para tirar um cochilo. Assim que Ele deitou a cabeça no travesseiro, adormeceu rapidamente.

Era uma bonita tarde. Uma suave brisa movia as velas. Os amigos conversavam felizes enquanto levavam o barco para o meio do lago. Tudo era perfeito. Exatamente como um agradável passeio.

Eles estavam na metade do caminho quando, do lado de fora, ventos fortes varriam as águas pelo lago, altos e fortes como um furacão! Uma luz ofuscante riscava o céu. Trovões rugiam sobre eles!
A tempestade soprava sobre as águas formando torres de ondas que arremessavam o pequeno barco para o alto, para o alto — batendo por trás, por trás!

O barco de pesca estava soprando e batendo, e lançando e sendo arremessado de um lado para o outro — para trás e para frente, para direita e para esquerda, e girava e girava!

E no meio da tempestade, Jesus estava dormindo.

Os amigos de Jesus tinham sido pescadores durante suas vidas inteiras, mas em todos aqueles anos de pesca naquele lago, nunca tinham visto uma tempestade como aquela. Não importava o quanto eles lutassem com as cordas e velas, eles não conseguiam controlar o barco. A tempestade era muito grande para eles.

Mas a tempestade não era tão grande para Jesus.
"SOCORRO" eles gritaram. "Acorde! Rápido, Jesus!"
Jesus abriu os seus olhos.
"Socorre-nos, salve-nos!" Eles gritaram. "Não se preocupa?"
(Claro que Jesus se preocupava, e esta foi o maior motivo de Ele ter vindo — para socorrê-los, para salvá-los.)
Jesus levantou-se e falou para a tempestade.
"Silêncio!" — Ele disse. Apenas isso.
E a coisa mais estranha aconteceu...

O vento e as ondas obedeceram à voz de Jesus. (Eles já tinham a ouvido antes, claro — era a mesma voz que os criou, no inicio de tudo). Eles ouviram Jesus e fizeram o que Ele ordenou.

Imediatamente o vento parou. As águas se acalmaram. E brilhava inocentemente à luz do luar, e correndo quietamente ao lado do barco como se nada tivesse acontecido. O pequeno barco subia e descia gentilmente. Havia um grande e profundo silêncio ao redor. Então Jesus virou-se para os seus amigos de tempestade. "Porque vocês estão assustados?" Ele perguntou. Vocês esqueceram quem eu sou? Vocês acreditavam em seus medos, ao invés de mim?"

Os amigos de Jesus ficaram quietos. Tão quieto quanto o vento e as ondas. E dentro de seus corações veio um tipo diferente de tempestade.

"Que tipo de homem é este?" — Eles se perguntavam ansiosamente. "Até mesmo os ventos e as ondas o obedecem!" Eles disseram por que não entendiam. Eles não estavam convencidos ainda de que Jesus era o Filho de Deus. Os amigos de Jesus tinham ficado com medo. Eles tinham visto apenas grandes ondas. Eles tinham esquecido que, se Jesus estava com eles, então não precisavam ter medo. Não importa quão pequeno seja o barco, ou quão grande a tempestade.

Está cheio!

A alimentação dos 5000, de Mateus 14, Marcos 6, Lucas 9

ERA UMA VEZ 5000 famintas e sedentas (E provavelmente muito amuados) pessoas sentadas no alto da montanha querendo jantar. Eles tinham vindo ouvir Jesus naquele dia. Eles vieram antes do café da manhã, estiveram por toda manhã, por toda tarde e já passava da hora do jantar. Ninguém pretendia estar lá todo aquele tempo, mas foi como aconteceu, ouvindo Jesus — era como se o tempo não existisse. As pessoas poderiam ouvir Jesus por horas, e neste dia particularmente, foi exatamente o que eles fizeram.

Mas eles não tinham comprado comida suficiente, e eles não poderiam sair para comprar hambúrguer e batatas fritas porque, claro, eles estavam no meio do nada, sem lojas ou restaurantes (Além do mais, este tipo de comida ainda não tinha sido inventada.)

O que eles iriam fazer?

Os amigos de Jesus tiveram uma idéia. "Vamos mandar todos irem para casa jantar."

"Eles não precisam ir!" — disse Jesus. "Vocês podem dar a eles algo para comerem."
Jesus queria que eles pegassem a estrada em direção à cidade e comprasse comida para todos? Os amigos de Jesus se apavoraram. "Mas nós não temos dinheiro suficiente!"
"Que comida vocês têm?" — Jesus perguntou. "Vão e vejam."
Havia um pequeno menino na multidão. Ele trouxe um almoço que sua mãe tinha feito para ele aquela manhã. Ele olhou para os seus cinco pães e dois peixes. Não era muito — não era o suficiente para 5000 — Mas era tudo o que ele tinha.
"Eu tenho alguns!" — ele disse.
Os amigos de Jesus riram quando viram o pequeno almoço.
"Isto não é o suficiente!" — Eles disseram.
Mas eles estavam errados. Jesus sabia que não importava o quanto o menino tinha. Deus poderia fazer o pouco ser o suficiente, mais que suficiente.
Jesus disse: "Traga-me o que você tem!" Então o menininho deu a Jesus o seu lanche. Jesus piscou para o menino e sussurrou em seu ouvido: "Veja!"
"Como neste mundo Jesus alimentará todas estas pessoas com apenas isto?" Os amigos de Jesus perguntaram porque pensaram ser impossível.
Mas Jesus conhecia aquEle que fez todos os peixes do oceano.
E Jesus conhecia quem no início de tudo fez todas as coisas sem ter nada. O que seria tão difícil para alguém como Ele?

Jesus pegou o almoço do menino, olhou para o céu, e agradeceu a seu pai, depois Jesus deu o almoço de volta para seis amigos.

Assim que os amigos de Jesus começaram a distribuir a comida, sabe o que aconteceu? Uma coisa mais estranha, não importava o quanto eles distribuíssem, havia sempre mais, e mais, e mais. O suficiente para 5000!

Todos comeram tanto quanto quiseram — dois, três até mesmo quatro — até ficarem satisfeitos. Ainda havia sobras.

BEM, Jesus fez muitos milagres como estes. Coisas que as pessoas pensaram que nunca poderiam acontecer, que não eram naturais.
Mas era a coisa mais natural do mundo. Era o que Deus tinha feito desde o início. Claro. Tomando o nada e dele fazia todas as coisas. Tomando o vazio e enchendo de coisas. Tomando a escuridão e fazendo a luz.

Caça ao tesouro!

A história do tesouro escondido, de Mateus 13

UM DIA, JESUS falava para as pessoas sobre o Reino de Deus. "O Reino de Deus é o lugar que Ele está cuidando!" — Jesus disse a eles. "É o lugar onde Deus enche os seus corações com uma eterna felicidade, e vocês deixam de correr para longe dEle e passam a amá-lo!" Mas às vezes as pessoas não entendiam muito bem o que Jesus dizia. Então Jesus as ajudava contando a elas histórias chamadas "parábolas". Jesus disse: "O Reino de Deus é como um tesouro escondido!" E então Ele contou esta história...

Era uma vez um homem que trabalhava em um campo, cavando. Então lá estava ele cavando, mas o que ele não sabia era que no campo havia um tesouro enterrado. Ele cavou, cavou, cavou... pec, pec, pec. Oh! Sua pá bateu em algo muito duro. Ôpa, o que é isto? Ele pegou e tirou para fora — isto é um baú. Está enferrujado e fechado mas — CREEK — ele quis abri-lo. O que ele viu dentro o fez perder o fôlego: lindas, brilhantes, cintilantes, reluzentes jóias preciosas! Este

é um baú de tesouros! Ele queria aquele tesouro. Ele precisava daquele tesouro. Ele deveria ficar com aquele tesouro, de alguma maneira. Mesmo se tivesse de vender tudo o que tinha. Assim, poderia então pagar por ele. Ele rapidamente enterrou o tesouro de novo, correu para casa e vendeu tudo o que tinha. Ele pegou o dinheiro das vendas, foi e comprou aquele campo. Agora era o seu próprio campo — e o tesouro estava enterrado nele! Ele correu de volta e desenterrou o tesouro novamente.

Jesus disse: "Ir para a casa de Deus é tão maravilhoso quanto encontrar um tesouro! Você teria que cavar antes de encontrá-lo. Você teria que procurar antes de vê-lo. Você teria ainda que desistir de tudo o que tinha para consegui-lo. Mas se tratando de onde Deus está — de seu Reino — Isto é mais importante do que qualquer outra coisa em todo o mundo. Vale mais do que qualquer coisa que você tenha que desistir!" — Jesus disse a eles.

"Porque Deus é o tesouro real."

Deus tem um tesouro também, claro.

Um tesouro que foi perdido há muito, muito tempo atrás.

O que seria o tesouro de Deus? Sua coisa mais importante, a coisa que Deus mais amava em todo o mundo?

O tesouro de Deus eram seus filhos.

Este foi o motivo pelo qual Jesus veio para o mundo. Para achar o tesouro de Deus. E pagar o preço para ganhá-los outra vez. E Jesus faria isto — Mesmo que isto custasse tudo o que Ele tinha.

O amigo das criancinhas

Jesus e as crianças, de Mateus 18, 19, Marcos 10, Lucas 18

OS AJUDANTES DE JESUS ESTAVAM DISCUTINDO. Quem era o ajudante mais importante no Reino de Deus? Eles queriam saber.

"Sou eu!" — Thiago disse.

"Não, Não é você!" — disse Pedro. "Sou eu!"

"Tolice!" — Mateus disse. Eu sou o mais inteligente!"

"Não, você não é!"

"Sim, sou eu!"

"Sim!" "Não!" "Sou também!"

Esta discussão durou por algum tempo. Vejam, os amigos de Jesus começaram a pensar que tinham que fazer alguma coisa para serem especiais para Jesus — que se eles fossem os mais inteligentes, ou os mais agradáveis ou algo assim, Jesus gostaria mais deles.

Mas eles tinham se esquecido de alguma coisa. Alguma coisa que Deus tinha ensinado ao seu povo ao longo dos anos: Que não importa quão inteligente você seja, ou quão bom você seja, ou quão rico ou quão agradável, ou quão importante você possa ser — nada disso fazia diferença, porque o amor de Deus é um presente e, como alguém te diria, todas as coisas que são presentes, são gratuitas. Tudo o que você precisa fazer é estender suas mãos e pegá-lo.

Então, enquanto os amigos de Jesus estavam discutindo, algumas pessoas que sabiam tudo sobre ganhar presentes — realmente, vocês devem dizer que eles eram especialistas em presentes — tinham vindo ver Jesus. Quem eram eles? Eram as criancinhas.

Os ajudantes de Jesus tentaram despachá-los. "Jesus não tem tempo para vocês!" Eles disseram. "Ele está muito cansado!"

Mas eles estavam errados. Jesus sempre tinha tempo para as crianças.

"Não dispensem as crianças!" — Jesus disse. "Tragam os pequeninos para mim."

E se vocês estivessem lá, o que você acharia? Você teria que ficar quietinho em uma fila para ver Jesus? Você acha que Jesus teria te perguntado o quanto você tem sido bom antes que Ele te desse um abraço? Você teria que se comportar da melhor maneira, ou vestido a rigor? E não falaria enquanto você não tivesse falado?

Ou... Você teria feito o que aquelas crianças fizeram — correria diretamente para Jesus e deixaria que Ele te pegasse em seus braços e te balançasse, e te beijasse e te colocasse em seu colo e ouviria suas histórias e suas conversas?

Vejam, as crianças amavam Jesus, e eles sabiam que não precisavam fazer nada especial para que Jesus os amasse. Tudo o que eles tinham que fazer era correr para seus braços. E foi exatamente isto que elas fizeram.

Bem, depois de todas as risadas e brincadeiras, Jesus voltou para seus ajudantes e disse: "Não importa o quanto você cresça; nunca cresça ao ponto de perder o seu coração de criança: cheios de confiança em Deus. Sejam como estas crianças. Elas são as mais importantes em meu reino!"

O homem que não tinha um amigo (nenhum)

A história de Zaqueu, de Lucas 19

ERA UMA VEZ UM HOMEM que não tinha um amigo (nenhum). Você tem algum amigo? Bem, é claro que sim. Mas Zaqueu não. Pobre Zaqueu, não tinha nenhum.

Você provavelmente está se perguntando o motivo disto. Era porque ele era muito baixo? (Isto não é motivo para não gostar de alguém.) Era porque ele tinha um nome difícil de dizer? (Bem, isso também não.)

Embora ele fosse baixo e tivesse um nome engraçado, não era esse o motivo. Não, ninguém gostava de Zaqueu porque ele tirava o dinheiro das pessoas.

Zaqueu cobrava impostos (impostos era o que as pessoas tinham que pagar ao rei), mas Zaqueu pegava mais do que deveria, e o dinheiro que sobrava supostamente ficava com ele, e fazia dele um homem rico. Todas as pessoas sabiam o que ele fazia, e ficavam aborrecidos e tristes. Eles não gostavam de Zaqueu nem um pouco.

Então, tiveram certeza que ele estava fazendo estas coisas e passaram a evitá-lo. E caminhavam do lado oposto da rua. E pretendiam não vê-lo. E cochichavam coisas tipo: " Ninguém pensa que ele é alguém!", e falavam o suficiente alto para que ele pudesse ouvir.

De qualquer maneira, um dia, uma enorme multidão juntou-se pela estrada. Jesus estava vindo para cidade deles e todos queriam vê-lo.

Zaqueu quis ver Jesus também. Mas todos eram muito altos. Ele tentou pular e saltar, mas não adiantou. Ele não conseguiu ver nada.

Felizmente Zaqueu teve uma boa idéia. "Eu vou subir naquela árvore de sicômoros!" — Ele disse. E assim ele fez. (Ele era surpreendentemente bom em escalar árvores para um homem que era tão baixo, e deu um pulo bem alto pra subir no galho naquela manhã.)

De cima da árvore, Zaqueu teve uma visão perfeita — de tudo que acontecia pela estrada.

Mais um minuto e de repente Jesus estava em frente à árvore. Ele parou e olhou para cima. Zaqueu viu Jesus. E Jesus viu Zaqueu.

"Zaqueu!" — disse Jesus. "Eu gostaria de ir à sua casa."

Zaqueu quase caiu da árvore! Ir a casa dele? Ninguém jamais quis ir lá, nem mesmo o vizinho dele, ainda mais entrar nela.

As pessoas viram isso e nem precisa dizer, ficaram mais aborrecidos e emburrados do que de costume. Eles resmungaram, murmuraram e murmuraram. "Porque Jesus está sendo amável com aquele grande pecador? Será que Jesus não o conhece?"

Zaqueu desceu e levou Jesus para sua casa. Ele estava com pressa porque não queria que Jesus mudasse de idéia. Talvez Jesus não tivesse ouvido falar sobre ele. Talvez Jesus não soubesse sobre o quanto ele tinha roubado. Ou que ninguém gostava dele. Ou que ele não tinha nenhum amigo.

Mas Jesus sabia. Ele sabia tudo sobre Zaqueu e sobre os roubos e todas as coisas — E ainda assim Ele o amava.

Zaqueu estava envergonhado. "Senhor!" — ele disse, ficando pálido, "O que eu tenho feito está errado; mas agora eu quero fazer o que é certo. Eu irei devolver o dinheiro de volta para todos. — quatro vezes mais do que eu roubei!" E foi exatamente isto o que ele fez. Jesus sorriu. "Meu amigo!" — Ele disse — "hoje Deus te salvou!"

Jesus demonstrou amor por Zaqueu quando ninguém mais amava. Ele era amigo de Zaqueu, mesmo quando ninguém mais era. Porque Jesus estava mostrando para as pessoas como era o amor de Deus — Maravilhoso, que nunca pára, nunca desiste, incansável, sempre e para sempre amor.

Saiu correndo

A história do filho perdido, de Lucas 15

JESUS CONTOU esta história sobre um menino que saiu correndo:

Era uma vez, um menino e seu pai. Um dia o menino teve um pensamento: "Talvez se eu não tivesse o meu pai por perto, me dizendo o que é bom para mim o tempo, todo eu seria mais feliz. Ele está acabando com a minha alegria!" — ele pensou. "Meu pai realmente quer que eu seja feliz? Ele realmente me ama?" O filho nunca tinha pensado sobre isso antes, e não tinha mais certeza do amor de seu pai.

Então o filho foi até seu pai e disse: "Pai, é melhor para mim ficar sem você. Eu posso cuidar de mim mesmo. Apenas me dê minha parte de seu dinheiro!"

Seu pai estava triste, mas não forçou o menino a ficar. Então ele deu ao seu filho o que ele queria.

O filho pegou o dinheiro e foi para uma longa, longa jornada fora da cidade.

E tudo estava maravilhoso e perfeito — por um tempo. Ele poderia ir para onde quisesse. Ele era o chefe, e estava livre! Às vezes ele tinha um sentimento estranho, vazio, de saudades dentro do seu coração, mas então ele apenas comia mais, ou bebia mais, ou comprava mais roupas, ou ia a mais festas, até que o sentimento fosse embora.

Mais tarde seu dinheiro acabou — e também os seus amigos.

Ele acabou conseguindo o único emprego que pôde encontrar: alimentar porcos. Um dia, ele estava com tanta fome e tão desesperado que até tentou comer um pouco da comida dos porcos.

"O que eu estou fazendo?" — Ele disse de repente como se tivesse acordado de um pesadelo. Ele cuspiu tudo — splash! — tudo — splash! — tudo que estava em sua boca.

"Meu pai é rico e eu estou aqui — em um chiqueiro com porcos, comendo comida de porcos!" Ele limpou sua boca e tirou a poeira do corpo. "Eu vou para casa!"

Assim que começou a pensar em casa, ele ficou preocupado. Meu pai não me ama mais. Eu fui tão mau. Ele não irá querer-me mais como seu filho.

Então ele praticou o seu pedido de desculpas.

Durante todo este tempo ele não sabia que, dia após dia, seu pai se levantava na varanda, treinando seus olhos pra verem à distância, esperando seu filho voltar para casa. Ele não poderia deixar de amá-lo. Ele desejava ouvir o som da voz de seu filho. Ele não poderia ser feliz até que voltasse para casa.

O filho ainda estava pelo caminho, mas seu pai o viu chegando.

O que o pai faria? Cruzaria seus braços emburrado? Ele gritaria: "Vou te dar uma lição!" ou "Espere para ver, garoto!"

Não. Não é isto que acontecerá na história.

O pai salta da varanda, desce a colina, atravessa a cerca viva e corre estrada abaixo. Antes de o seu filho começar seu pedido de desculpas, seu pai correu ao encontro dele, o envolveu em seus braços, e não conseguia parar de beijá-lo.

"Vamos fazer uma festa!" — seu pai gritou. "Meu filho está de volta. Ele fugiu, e estava perdido — mas agora eu o tenho de volta!" — Jesus disse a eles. "Deus é como este pai que não deixou de amar seu filho. E as pessoas são como este filho que disse: 'Meu pai quer realmente que eu seja feliz?'"

Jesus contou esta história para as pessoas para mostrá-las como é Deus.

Então eles souberam que, embora corressem para longe, que embora tivessem se escondido bem, que embora estivessem perdidos, isso não importaria. Porque os filhos de Deus nunca estariam tão longe ou tão perdidos que Deus não pudesse encontrá-los.

Lavado com lágrimas

Uma mulher pecadora unge Jesus, de Marcos 14, Lucas 7 e João 12

EM UMA NOITE JESUS foi para um jantar na casa de uns líderes importantes. Um líder importante convidou seus amigos importantes. Estavam todos sentados para comer, quando uma mulher entrou. Ela não foi convidada, mas todos sabiam quem ela era.

"Quem ela pensa que é?" — os convidados cochicharam. "Como ela ousa?"A mulher era uma grande pecadora e todos sabiam disso. (Era fácil ver — além disso, ela tinha desobedecido às leis e feito coisas ruins.)

A mulher andou direto até Jesus. Ela levava um perfume muito caro.

E a respeito de perfumes, não vinham em vidros, vinham em jarros. E os jarros eram feitos de uma pedra preciosa como alabastro. Mas aqui está o problema. Os jarros não tinham uma tampa ou uma rolha, nada. Então, a única maneira de tirar o perfume era quebrando o jarro. E uma vez que você quebrasse o jarro, não o tinha mais. Muitas pessoas não usavam perfume porque era muito precioso. Eles apenas o mantinham em uma estante e ficavam olhando.

Então, vejam vocês, este perfume era a coisa mais preciosa que ela possuía em todo o mundo. Este era o seu tesouro.

A mulher ajoelhou-se diante de Jesus como se Ele fosse um rei. Ela segurou os pés de Jesus com suas mãos e começou a chorar. Suas lágrimas caíram sobre os pés de Jesus, lavando-os. Ela beijou seus pés e os secou com seus longos cabelos negros. Então ela fez uma coisa estranha. Ela quebrou o jarro e derramou todo o perfume nos pés de Jesus. Todos pensaram: "Que desperdício! Um perfume tão caro nos pés de alguém!" Cheirava como lírios em um campo de verão.

Jesus olhou para a mulher e sorriu para ela. O que ela fez foi a coisa mais maravilhosa. Assim como Samuel ungiu Davi, o verdadeiro rei de Deus, tantos anos atrás, esta mulher ungiu Jesus — não com óleo, mas com suas lágrimas.

As pessoas importantes ficaram emburradas. Elas pensaram que Jesus não deveria ser amável com a mulher. "Esta mulher é uma pecadora!" — elas murmuraram.

"Nós somos os melhores!" (E era verdade, elas tinham boa aparência — por fora. Além disso, elas estavam seguindo as leis.)

Mas Jesus pode ver as pessoas por dentro. E dentro de seus corações. E por dentro, em seus corações, Jesus viu que elas não amavam a Deus nem as outras pessoas. Elas tinham fugido de Deus, e pensaram que não precisavam de um Salvador. Elas pensavam que eram muito bons porque estavam seguindo as leis. Mas o pecado fez seus corações pararem de trabalhar corretamente. E seus corações estavam duros e frios.

"Esta mulher sabe que é uma pecadora!" Jesus disse a elas. "Ela sabe que nunca será tão boa. Ela sabe que precisa de mim para salvá-la. E é por isso que ela me ama tanto!"

"Vocês olham para esta mulher aqui em baixo porque nunca olharam para Deus. Ela é uma pecadora por fora — mas vocês são pecadores por dentro!"

As pessoas importantes tremeram de raiva.

Jesus voltou-se para a mulher e sorriu. "Seus pecados foram perdoados" — Ele disse. "Você confia em mim. E Deus te salvou!"

"Quem Jesus pensa que é?" — as pessoas importantes cochichavam. "Só Deus pode perdoar pecados!"

Elas não acreditavam que Jesus era o Filho de Deus.

Quanto mais Jesus amava as pessoas e as ajudava, mais as pessoas importantes e os líderes o odiavam. Eles tinham medo de que as pessoas seguissem a Jesus ao invés deles. Eles estavam com ciúmes. E irritados... Irritados o suficiente para matar Jesus.

O Rei que servia

A última ceia, de Marcos 14 e João 13—14

ERA PÁSCOA, a época em que o povo de Deus lembrava como Deus tinha os salvado da escravidão no Egito. Todos os anos eles matavam um cordeiro e o comiam. "O cordeiro morre ao invés de nós!" — eles diziam.

Mas nesta páscoa, Deus estava preparando uma salvação ainda maior.

Jesus e seus amigos estavam comendo a refeição de Páscoa juntos em um quarto no andar de cima de uma casa. Mas os amigos de Jesus estavam discutindo sobre pés mal cheirosos. Pés mal cheirosos? Sim, isso mesmo. Pés mal cheirosos.

(O que diz respeito aos pés, era que aquelas pessoas não usavam sapatos; eles usavam apenas sandálias. Isto não era incomum, as ruas naqueles dias eram sujas – e eu não quero dizer apenas sujas empoeiradas — eu quero dizer realmente sujas. Com todas aquelas vacas e cavalos em toda parte, você pode imaginar os estrumes que acabariam parando em seus pés!) Então de alguma maneira alguém teria que lavar toda sujeira, mas este era um trabalho terrível.

Quem no mundo sonharia em se voluntariar para fazer isso?

Apenas o mais humilde servo.

"Eu não sou servo!" — disse Pedro.

"Nem eu sou!" — disse Mateus

De forma quieta, Jesus levantou-se da mesa, tirou seu roupão, pegou uma bacia de água, ajoelhou-se, e começou a lavar os pés de seus amigos.

"Você não pode!" — Pedro disse. Ele não entendia o fato de Jesus ser um Rei que servia.

"Se você não me deixar lavar a sujeira, Pedro!" — Jesus disse — "você não poderá estar perto de mim!"

Jesus sabia que as pessoas precisavam mais era estar limpas por dentro. Toda sujeira em seus pés eram nada comparado ao pecado de dentro de seus corações.

"Então me lava, Senhor!" — Disse Pedro, com os olhos cheios de lágrimas. "Lava tudo em mim!"

Um por um, Jesus lavou os pés de todos eles.

"Eu estou fazendo isto porque amo vocês!" — Jesus explicou. "Façam isso um para com o outro!"

Naquela hora um dos amigos de Jesus havia feito um plano mau. Ninguém mais sabia que plano era. Mas Jesus sabia — e assim Judas fez. Judas estava indo ajudar os líderes capturarem Jesus — por 30 moedas de prata.

"Vá Judas!" — Jesus disse. E Judas levantou-se da mesa, saiu da sala, e caminhou pela noite.

Então Jesus pegou um pedaço de pão e partiu, e o deu aos seus amigos. Ele pegou um copo de vinho e deu graças a Deus. Ele o despejou e o compartilhou.

"Meu corpo é como este pão. Que será partido!" — Jesus disse a eles. "Este copo de vinho é como meu sangue. Que será derramado!"

"Mas é desta forma que Deus salvará o mundo inteiro. Minha vida será partida e o mundo quebrado de Deus será consertado. Meu coração será partido — e os seus corações sararão. Assim como um cordeiro de páscoa morre, eu morrerei no lugar de vocês.

"Meu sangue irá lavar todos os seus pecados. E vocês serão limpos por dentro — em seus corações!"

"Então sempre que vocês comerem e beberem, lembrarão!" — disse Jesus. "Eu te salvei!"

Jesus sabia que estava chegando a hora de deixar o mundo e voltar para Deus.

"Eu não estarei com vocês por muito tempo!" — Ele disse. "Vocês irão ficar muito tristes. Mas a ajuda de Deus virá. Então vocês serão cheios de uma Alegria Eterna que nunca os deixará."

"Então não fiquem com medo! Vocês são meus amigos e eu os amo!"

Então eles cantaram sua musica favorita, e caminharam para seu lugar favorito, o jardim das oliveiras.

A escuridão da noite no jardim

O jardim do Getsêmani, de Lucas 22, Marcos 14, João 18

O VENTO ESTAVA SOPRANDO agora, empurrando as nuvens que cobriam a lua, trazendo o jardim para escuridão.

"Vocês ficarão acordados comigo?" — Jesus perguntou aos seus amigos. Eles disseram sim e esperaram debaixo das árvores de olivas. Mas eles estavam cansados, e logo caíram no sono.

Jesus caminhou à frente sozinho, escuridão adentro. Ele precisava falar com seu Pai Celestial.

Ele sabia que já era hora de morrer. Eles tinham planejado isto há muito tempo atrás, Ele e seu Pai. Jesus estava indo para ser punido por todas as coisas erradas que qualquer pessoa já fez, ou ainda faria.

"Pai, Paizinho!" — Jesus chorou. E Ele caiu no chão. "Esta é a única maneira de ter seus filhos de volta? De curar seus corações? De libertá-los do veneno?"

Mas Jesus sabia que não havia outro jeito. Todo o veneno do pecado teria que ir para dentro de seu próprio coração. Deus ia verter para dentro do coração de Jesus toda a tristeza e tudo que estava partido do coração das pessoas. Ele ia colocar para dentro do corpo de Jesus toda doença do corpo das pessoas. Deus ia ter que culpar o seu Filho por tudo que as pessoas fizeram de errado. Crucificariam Jesus.

Mas havia alguma coisa a mais, alguma coisa ainda mais horrível. Quando as pessoas fugiram de Deus, elas perderam Deus. Foi isto que aconteceu quando elas fugiram. Não estar perto de Deus era como um castigo. Jesus iria levar aquele castigo.

Jesus sabia o que isso significava. Ele iria perder seu pai — e isso Jesus conhecia, partiria seu coração em dois.

Soluços violentos tremeram todo o corpo de Jesus.

Então Jesus ficou quieto. Como um cordeiro. "Eu confio em ti, Papai!" — Ele disse. "Tudo aquilo que Tu disseres, eu farei!"

De repente, pelas árvores surgiu um raio de luz flamejando. Dentro do quieto jardim vieram cochichos, vozes amortecidas, metais soando, — e o som de botas marchando.

Jesus levantou-se.

Ele acordou seus amigos. "Agora é a hora!" Ele disse gentilmente.

"Todas as coisas que estão escritas sobre mim — o que Deus tem falado com pessoas através de vários anos — Tudo isto está se tornando verdade."

E dentro da noite, com tochas acesas, lanternas e espadas e escudos e armaduras — e um exército de soldados... Judas os conduziu até Jesus, então eles puderam arrastá-lo.

Jesus estava esperando por eles.

Pedro deu um salto, levantou a espada e tentou defender Jesus. Ele arrancou a orelha de um guarda. Jesus imediatamente tocou o guarda e o curou.

"Pedro!"— Ele disse — "Esta não é a maneira!"

Pedro não percebia que nenhum exército, não importa quão grande ele fosse, poderia levar Jesus, a menos que Ele deixasse.

Então Jesus, que nunca fez nada a não ser amar as pessoas, foi arrastado, como se Ele fosse um criminoso.

Os amigos de Jesus ficaram com medo. Então eles fugiram e se esconderam nas sombras escuras.

Os guardas saíram marchando e levaram Jesus para seus lideres.

Os lideres levaram Jesus para um julgamento. "Você é o Filho de Deus?" — eles perguntaram.

"Eu sou!" — disse Jesus.

"Quem você acha que é para chamar a si próprio de Deus? Você deve morrer por se chamar de Filho de Deus!"

Apenas os Romanos tinham permissão para matar prisioneiros, então os lideres fizeram um plano. "Nós contaremos para os Romanos: 'Este homem quer ser nosso rei!' E então eles irão crucificá-lo!"

Mas estaria tudo bem. Este era o Plano de Deus.

"Foi por esta razão que eu nasci no mundo!" — Jesus disse.

O sol pára de brilhar

A crucificação, de Mateus 27, Marcos 15, Lucas 23, João 19

"ENTÃO VOCÊ É UM REI, não é?" — os soldados romanos zombaram. "Então você precisa de uma coroa e uma capa!"

Eles deram a Jesus uma coroa feita com espinhos. E colocaram uma capa roxa nEle. E fingiram curvar-se diante dEle. "Vossa majestade!" — eles disseram.

Então eles o chicotearam e o empurraram. Eles não entendiam que este era o Príncipe da vida, o Rei dos céus e da terra, que veio para salvá-los.

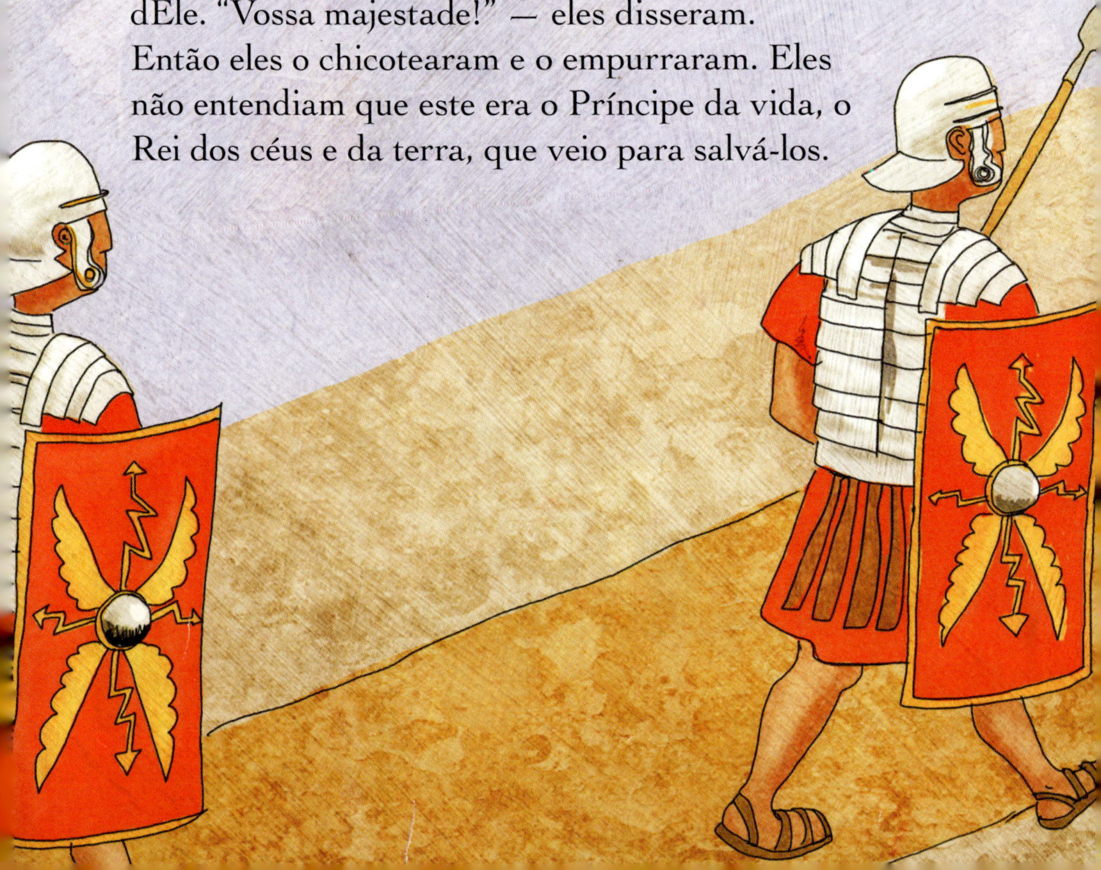

Os soldados fizeram uma placa para Ele — "Nosso Rei", e o pregaram em uma cruz de madeira.

Eles caminharam para fora da cidade e subiram a colina. Jesus carregava a cruz nas suas costas. Jesus não tinha feito nada de errado. Mas eles estavam indo matá-lo da mesma maneira que os criminosos eram mortos.

E eles pregaram Jesus na cruz.

"Pai, perdoe-os!" — Jesus orou. "Eles não entendem o que estão fazendo!"

"Você diz que veio para nos salvar!" — as pessoas gritavam. "Mas não pode nem mesmo salvar a si próprio!"

Mas eles estavam errados. Jesus poderia salvar a si próprio. Um exército de anjos teria voado em volta dEle — se Ele tivesse chamado.

"Se você realmente fosse o Filho de Deus, poderia descer desta cruz!" — eles disseram.

E claro que eles estavam certos. Jesus poderia ter descido daquela cruz. Certamente Ele poderia ter dito apenas uma palavra e feito tudo isto parar. Como quando Ele curou aquela pequena menina, e quando acalmou a tempestade, e quando alimentou 5000 pessoas.

Mas Jesus ali ficou.

Vejam bem, eles não entendiam. Não foram os pregos que mantiveram Jesus ali. Foi o amor.

"Papai?" — Jesus chorou profundamente, procurando o céu.

"Papai, onde está você? Não me abandone!"

E pela primeira vez — e última — quando Ele falou, nada aconteceu. Apenas um terrível silêncio final. Deus não respondeu. Ele estava longe do seu menino.

Lágrimas rolaram da face de Jesus. A face do único que tiraria do mundo as lágrimas de todos os olhos.

NOSSI REI

Embora fosse meio dia, uma terrível escuridão cobriu o mundo. O sol não brilhou mais. A terra tremeu. A grande montanha sacudiu. Rochas se partiram em duas. Parecia que o mundo inteiro iria se partir. A criação por si mesma se partiu.

A grande força da tempestade da raiva de Deus pelo pecado estava caindo. Em seu próprio Filho, ao invés de cair em seu povo. Esta era a única maneira que Deus poderia destruir o pecado, e não destruir seus filhos, cujos corações estavam cheios de pecado.

Então Jesus gritou em alta voz: "Está terminado!"

E estava. Ele tinha feito. Jesus tinha salvado o mundo inteiro.

"Pai!" — Jesus chorou. "Eu te dou a minha vida!" E com um grande suspiro Ele se deixou morrer.

Estranhas nuvens e sombras encheram o céu. Roxo, laranja e negro. Como um hematoma.

Os amigos de Jesus gentilmente o levaram. Eles o deitaram em uma tumba esculpida por rocha.

Como Jesus poderia morrer? O que Ele fez de errado? Que mal? Eles não sabiam de mais nada, apenas que seus corações estavam partidos.

"É o fim de Jesus!" — os líderes disseram.

Mas, para terem certeza, eles enviaram fortes soldados para guardarem a tumba. Eles puxaram uma enorme pedra e colocaram na entrada da tumba. Assim ninguém poderia entrar.

Ou sair.

A maravilhosa surpresa de Deus

A Ressurreição, de Mateus 28, Marcos 16, Lucas 24, João 20

OS AMIGOS DE JESUS ESTAVAM DOENTES. Eles nunca mais veriam seu melhor amigo de novo. Como isso pôde acontecer? Jesus não era o Salvador? O Rei que Deus havia prometido? Ninguém podia imaginar que tudo terminaria assim.

Sim, mas quem disse alguma coisa sobre o fim?

Assim que amanheceu, no terceiro dia, Deus enviou um terremoto — e um anjo do céu. Quando os guardas viram o anjo, eles caíram de medo. O anjo retirou a enorme pedra, sentou-se em cima dela, e esperou.

Ao primeiro sinal do amanhecer, Maria Madalena e outras mulheres foram até a tumba para lavarem o corpo de Jesus. Cedo pela manhã, o raio do sol iluminou a gota de orvalho de uma antiga oliveira, brilhando nas folhas e gramas — gotas de lágrimas em todos os lugares. As amigas caminharam de forma quieta pelo caminho montanhoso, através do arvoredo de oliveiras, até chegarem à tumba. E imediatamente presenciaram algo estranho — a tumba estava aberta. Elas olharam pela entrada da tumba escura. Mas espera. O corpo de Jesus se foi!

E algo mais: Um homem brilhante estava lá, com roupas feitas de luzes.

"Não se assustem!" — o anjo disse. Mas (elas não puderam obedecê-lo) Elas gritaram assim mesmo.

O anjo perguntou: "O que vocês estão fazendo aqui? Esta é uma tumba e tumbas são para pessoas mortas!"

As mulheres não conseguiram falar.

"Jesus não está mais aqui!" — ele disse. "Ele vive outra vez!"

E seus corações saltaram. Então o anjo sorriu em ver a alegria que elas sentiam, por um momento, foi como se elas tivessem acordado de um pesadelo.

As outras mulheres correram para casa, mas Maria ficou para trás. "Como pode ser verdade? Jesus estava definitivamente morto. Como poderia Ele estar vivo?" Foi quando Maria ouviu algo no jardim. "Talvez seja o jardineiro!" — ela pensou. "Ele saberá onde está o corpo de Jesus".

"Eu não sei onde Jesus está!" — Maria disse rapidamente. "Não consigo achá-lo!"

Mas estava tudo bem. Jesus sabia onde ela estava, e Ele pôde achá-la.

"Maria!"

Só uma pessoa chama seu nome daquela maneira. Ela pôde ouvir seu coração bater forte. Ela virou para os lados. Ela poderia fazer uma imagem. Ela fechou seus olhos e pensou que estava sonhando.

Mas ela não estava sonhando. Ela estava vendo.

"Jesus!"

Maria caiu no chão. De repente lágrimas encheram seus olhos e fortes soluços tremeram todo seu corpo, e tudo o que ela queria naquele momento era agarrar Jesus e nunca mais deixá-lo ir.

"Você poderá me tocar mais tarde, Maria!" — Jesus disse gentilmente. "E esteja sempre perto de mim. Mas agora, vá e diga aos outros que eu estou vivo!"

Maria correu e correu, por todo o caminho para a cidade. Ela nunca havia corrido tão rapidamente ou para tão longe em toda sua vida. Ela sentiu que poderia ter sempre corrido. Ela correu tanto que nem mesmo sentia seus pés tocarem no chão. O sol parecia estar dançando e vislumbrando saltando pelo céu, correndo com ela e brilhando tanto que poderia já lembrar-se do ar fresco e claro.

E aquela manhã pareceu para ela, de tanto que ela correu, como se o mundo inteiro tivesse sido feito novamente. Era como se o mundo inteiro estivesse cantando de alegria. As árvores, sons minúsculos na grama, os pássaros... seu coração.

Deus estava realmente fazendo tudo que era triste se tornar irreal? Ele estava fazendo até mesmo a morte se tornar irreal?

Ela não poderia esperar para dizer para os amigos de Jesus. "Eles não vão acreditar nisso!" Ela sorriu.

Ela estava certa, claro.

Indo para casa

A ascensão, de Mateus 28, Marcos 16, Lucas 24, João 14

OS AMIGOS DE JESUS ESTAVAM COM MEDO. Eles estavam se escondendo em um quarto no andar de cima com a porta fechada.

Mas isto não fez Jesus parar. Ele caminhou direto e atravessou a parede.

"É um fantasma!" Tomé gritou, e escondeu-se embaixo da mesa.

Mas não era um fantasma.

"Estou com fome!" — Jesus disse. "O que temos para o jantar?"

Pedro deu a Ele um peixe. Todos eles duvidaram e assistiram Ele comer. *Isto não pode ser,* eles estavam falando para si mesmos. Isto é impossível. *Isto não está acontecendo.* Mas estava — bem em frente a eles.

"Delicioso!" — Jesus limpou sua boca com as mãos e sorriu. "Um fantasma pode fazer isso?" — Ele piscou. E todos eles riram.

"Eu estou realmente aqui!" — Jesus disse.

E Ele realmente estava.

O coração de Pedro pulou de alegria. Então Pedro se aproximou de Jesus, abraçando-o e beijando-o. E os outros fizeram o mesmo.

Eles sentiram seus corações estourarem de felicidade.

Os amigos comeram juntos e conversaram alegres por muito tempo, então, eles apenas contemplaram Jesus, e tiveram que tocá-lo para terem certeza que não estavam sonhando.

Jesus tinha um corpo real, mas este era melhor. Ele tinha ressuscitado da morte e não poderia ficar doente ou morrer novamente. Este corpo viveria para sempre. Jesus voltou com um novo corpo marcado.

A tristeza não apenas tornou-se irreal. Os amigos de Jesus perceberam que estavam se tornando novos outra vez. Deus estava fazendo todas as coisas ficarem novas?

Jesus disse: "Eu sou o Salvador e o que resgata o mundo!" E eles sabiam que Ele não poderia morrer, porque Jesus tinha voltado para a vida outra vez, e que de alguma maneira todas as coisas estariam bem.

Alguns dias mais tarde, quando caminhavam juntos, Jesus disse aos seus amigos: “É hora de eu voltar para a casa de meu pai!” Eles todos pareceram preocupados. Então eles relembraram o que Jesus tinha lhes dito antes de morrer. “Há um lugar para vocês. Eu irei prepará-lo!” — Jesus tinha dito. “Vocês sabem o caminho.”

Tomé entrou em pânico. “Eu não sei o caminho para lá!”

“Sim, você sabe!” — Jesus disse. “Eu sou o caminho e a verdade e a vida.”

Quando finalmente eles chegaram ao topo da montanha mais próxima de Jerusalém, Jesus virou-se para eles e disse: “Vão a todos os lugares e falem a todas as pessoas as boas novas!”

“Digam para eles que eu os amo tanto que morri por eles. Esta é a verdade que está acima da terrível mentira. Deus ama seus filhos. Sim, Ele realmente os ama!”

De repente todo o céu estava cheio de uma luz deslumbrante.

“Agora todos poderão ir à casa de Deus!” Jesus disse. “A morte não é o fim para vocês. Vocês poderão viver para sempre com seu Pai no céu porque eu salvei o mundo inteiro!”

Então algo admirável aconteceu: Jesus se ergueu no ar iluminado, alto e mais alto. Eles protegeram seus olhos da luz e assistiram Jesus subir, até quando a nuvem escondeu Jesus e eles não conseguiram vê-lo mais. Eles permaneceram de pé ainda por muito tempo olhando o céu.

De repente dois homens brilhantes apareceram. "O que vocês estão fazendo?" Eles perguntaram. "Jesus subiu para o céu, mas um dia Ele voltará. Da mesma maneira que vocês o viram ir: do céu!"

Os amigos de Jesus voltaram para Jerusalém com uma estranha alegria em seus corações. E alguma coisa que Jesus disse fixou-se na mente deles: "Embora vocês não me vejam mais, eu nunca os deixarei. Não! Não mais! Eu estarei com vocês. Sim! Sempre e para sempre!"

"Como Jesus poderia estar com eles e deixá-los ao mesmo tempo?" — eles quiseram saber.

Eles não entenderam.

Mas logo eles entenderiam.

Deus envia ajuda

Pentecostes, de Atos 1—5; João 15

Os amigos de Jesus e ajudantes estavam juntos amontoados em um quarto sufocante no andar de cima. Embora estivesse sol lá fora, as janelas estavam fechadas. A porta estava trancada.

"Esperem em Jerusalém!" — Jesus tinha dito a eles. "Eu enviarei a vocês um presente especial. O poder de Deus irá vir sobre vocês. O Espírito Santo de Deus está vindo!"

Então ali eles estavam. Esperando. Naquele momento, principalmente o que eles estavam fazendo era apenas estarem escondidos e assustados.

(Vocês não podem culpá-los, pois seu melhor amigo tinha partido; as pessoas importantes e os líderes estavam atrás deles, e Jesus tinha dado a eles um trabalho que eles não sabiam como fazer.)

Enquanto eles esperavam, estavam orando e relembrando — relembrando como, desde o início, Deus havia trabalhado em seu Secreto Plano da Salvação.

De repente, um vento forte soprou na pequena sala, assobiando pela parede, levantando a palha do chão. E lá — sobre a cabeça de todos, uma luz brilhava na escuridão. Estavam brilhando chamas, um fogo que não doía ou queimava.

E ainda mais: por dentro, em seus corações, eles sentiram um estranho calor, como se toda frieza e dureza estivessem derretendo.

Era como se estivesse consertando seus corações quebrantados. E Deus estava dando a eles a marca de um novo coração — corações que poderiam trabalhar corretamente.

Como isso aconteceu eles não sabiam, mas sabiam que o poder de Deus estava queimado seus corações com fogo. Era como se o próprio Jesus estivesse vindo viver dentro deles.

Eles tinham visto Jesus partir, mas agora eles estavam tão próximos quanto um dia já estiveram — dentro de seus corações. E agora nada poderia separá-los. Jesus sempre estaria lá, com eles, amando-os. Sussurrando as promessas que libertariam do veneno, da terrível mentira e da doença em seus corações. Havia a maravilhosa promessa de Deus para eles. "Vocês são meus filhos, e eu os amo!"

"Façam sua casa em mim, assim como eu fiz minha casa em vocês!" — Jesus tinha dito.

Como poderia ser? O céu estava vindo para dentro de seus corações.

Eles abriram as janelas e a luz do sol inundou o quarto, assim como o amor havia inundado seus corações. E o pequeno quarto estava cheio de murmúrios de alegria. Eles estavam contentes, cantando e sorrindo.

Eles destrancaram as portas e foram para as ruas — como se nunca tivessem ficado com medo.

Pedro falou em alta voz, então todos puderam escutar: "Jesus morreu por vocês!" — ele disse. "Porque Ele ama vocês. E Deus o fez viver novamente. Ele salvou vocês!"

As pessoas paravam e ouviam. As palavras tocavam profundamente em seus corações, e curava como um remédio que faz bem. Como um antídoto para um veneno mortal, como um beijo que desperta de um sono profundo.

"Parem de correr para longe de Deus!" — Pedro disse. "Corram para Ele ao invés de correrem dEle, para que Ele possa amá-los, e libertar vocês!"

E Pedro contou para eles a maravilhosa história do amor de Deus. Ele nunca pára, nunca desiste, não se cansa, ama sempre e para sempre.

Tudo que tinha acontecido.

Havia muitas pessoas de cidades distantes em Jerusalém. Eles não poderiam falar a mesma língua, mas assim que eles ouviram Pedro, todos puderam entender o que ele estava dizendo, e em suas próprias línguas!

Muitas pessoas acreditaram, e se tornaram novos amigos e ajudantes de Jesus. E as maravilhosas notícias de Jesus se espalharam como fogo por vilarejos, cidades, e aldeias.

A cada dia mais e mais pessoas acreditavam.

E então, a família do povo de Deus, seu povo especial, começou a crescer.

Um homem estava assistindo tudo. Seu nome era Saulo, e ele disse: "Eu irei parar com isto!" Mas isto era plano de Deus e nada em todo o mundo seria capaz de parar.

Uma nova maneira de ver

A história de Paulo, de Atos 6—9, 12—28;
Colossenses 2, Romanos 8, Efésios 2

DE TODAS AS PESSOAS que seguiam as leis, Saulo se achava o melhor. "Eu sou bom e estou sendo bom!" — ele diria. Ele era muito orgulhoso. E muito bom. Mas ele não era muito agradável.

Saulo odiava qualquer um que amasse Jesus. Ele viajava pelas redondezas para procurá-los. Ele queria capturá-los e colocá-los na prisão. Ele queria que todos esquecessem tudo sobre Jesus. Ele não acreditava que Jesus era o salvador. E não acreditava que Jesus estava vivo também.

E vejam isto: Saulo nunca conheceu Jesus.

Mas um dia Jesus conheceu Saulo.

SAUL

Saulo estava no caminho para Damasco quando, de repente, uma luz brilhou como um raio. Era mais luminoso que o sol. Era muito luminoso. Saulo protegeu seus olhos e caiu no chão.

Ele ouviu uma alta voz. Era tão alta, que deu a Saulo uma dor de cabeça.

"Saulo, Saulo!" — disse a alta voz. "Porque você está me perseguindo?"

"Senhor?" — Saulo respondeu. "Quem é você?"

"Eu sou Jesus!" — disse a voz.

"Quando você fere meus amigos, você está me ferindo também!"

Todo o corpo de Saulo tremeu. "Vá para cidade!" — disse Jesus. "Eu direi a você o que deve fazer!"

Quando Saulo abriu seus olhos, não conseguiu ver nada. Seus ajudantes tiveram que segurar em suas mãos e conduzi-lo como se fosse uma criança. Saulo ficou cego por três dias inteiros. E já era como se tivesse vendo pela primeira vez.

Enquanto isso, havia um homem em Damasco chamado Ananias, que amava Jesus. Jesus veio para ele em uma visão e disse: "Vá até Saulo e ore por ele, e eu o farei enxergar novamente!"

Ananias conhecia tudo sobre Saulo e como ele odiava os seguidores de Jesus. "Senhor, ele veio par nos ferir!"

Mas Jesus disse para Ananias: "Saulo é um dos que eu escolhi para falar para o mundo inteiro quem eu sou!"

Então Ananias foi até Saulo. "Irmão Saulo!" — Ananias disse — "Foi Jesus que você encontrou na estrada!" E Ananias orou por Saulo.

De repente Saulo pôde ver de novo, mas ele viu todas as coisas de forma diferente. Ele não era mais um homem mau. Ele ainda trocou o seu nome de Saulo para Paulo, que significa "pequeno" e "humilde" — o oposto de orgulhoso.

E você sabe o que o nome de Ananias significa? "O Senhor está cheio de graça!" (Graça é outra palavra para presente — que é engraçado porque era justamente o que a mensagem de Paulo seria dali em diante para todos.)

"Não estou falando sobre seguir as leis!" — Paulo disse às pessoas. "Vocês não têm que ser boas ou tornarem-se boas para que Deus as ame. Vocês apenas precisam acreditar no que Jesus fez e segui-lo. Porque não é sobre tentar, é sobre confiar. Não é sobre leis, é sobre graça: O presente gratuito de Deus — que custou para Ele todas as coisas!"

O que tinha acontecido com Paulo? Ele conheceu Jesus.

Paulo arrumou um novo trabalho. Ele chamou a si próprio de servo e viajou por todos os lugares falando a todos sobre Jesus. Ele naufragou três vezes! E ainda terminou seus dias na prisão.

"Deus nos ama!" — ele escreveu da prisão. "Nada jamais poderá nos separar do amor que nunca pára, nunca desiste, nunca se cansa, sempre e para sempre: o amor que Deus tem nos mostrado em Jesus!"

E então foi exatamente como Deus prometeu a Abraão naquela noite escura todos aqueles anos atrás, que a família dos filhos de Deus cresceria mais e mais.

Até um dia, eles viriam a ser mais numerosos que todas as estrelas no céu.

Um sonho do céu

João vê o futuro, de Apocalipse 1,5, 21, 22

JOÃO ERA UM DOS AJUDANTES DE JESUS. Ele estava velho na época, e morava em uma ilha, o que poderia parecer agradável, exceto se fosse uma prisão. (Os líderes o colocaram lá para fazê-lo parar de falar de Jesus, mas estou certo de que você não pensou nem um pouquinho que estar em uma cela de prisão, em uma ilha, no meio do oceano, poderia parar o plano de Deus, não foi?)

Em uma manhã, Jesus apareceu — exatamente lá, na cela de João. Os olhos de Jesus reluziam, brilhantes como o sol. "Eu irei te mostrar um segredo, João!" — Jesus disse. "É sobre quando eu voltarei!" Sua voz era como o som de águas correntes. "Escreva o que você vê para que os filhos de Deus possam ler isto, e esperar com muita alegria!"

Então Jesus deu a João uma bela visão — como se fosse um sonho, mas João estava bem acordado, e o que ele foi real, e um dia tudo se tornaria verdadeiro...

Eu vi um trono. E no trono estava um rei. E o rei é Jesus. Tudo em volta do trono e as pessoas estavam se curvando. Eles estavam dando a eles seus tesouros.

Havia sons de alegria e palmas e risadas brilhantes como mil cachoeiras e todos cantavam uma nova canção...

"Este é o nosso Rei! O cordeiro que morreu, então não temos mais que morrer — Ele é o nosso salvador. Toda honra e glória para Ele, para sempre e sempre!" E toda criatura em todo lugar, no céu e na terra e debaixo da terra e no mar, se uniram.

E todos estavam

em volta de um

imenso e belo

silêncio.

E eu vi Satanás – o terrível inimigo de Deus – jogado no chão, derrotado.

Eu vi uma cidade cintilante, que vislumbrava no céu: brilhante, reluzente, descendo do céu. O céu está descendo para a terra!

A cidade de Deus é linda. Paredes de topázio, jaspe, safira, ruas longas pavimentadas com ouro. Portões deslumbrantes que nunca serão fechados.

Onde está o sol? Onde está a lua? Eles não são mais necessários. Deus é toda a luz que as pessoas precisam. Não há mais escuridão. Não há mais noite!

E o rei diz: "Vejam! Deus e seus filhos estão juntos outra vez.

Não correm mais para longe, ou se escondem. Não choram mais ou ficam solitários ou com medo. Não ficam mais doentes ou morrem.

Porque todas estas coisas já se foram. Sim, elas se foram para sempre.

Todas as coisas tristes tornaram-se irreais. E vejam, eu limpei toda a lágrima de todo o olho!"

E então no fundo, uma bonita voz soava como trovão, no céu dizendo: "Vejam, eu fiz novas todas as coisas!"

Era difícil expressar em palavras tudo aquilo que João viu, e colocar tudo em uma página ou encher um livro. Todas as palavras em todas as páginas em todos os livros em todo o mundo não seriam suficientes.

"Eu sou o princípio!" — Jesus disse — "e o fim!"

Um dia, João tinha certeza, o céu desceria e emendaria o mundo quebrado. E faria uma vez mais a nossa verdadeira casa, maravilhosa e perfeita.

E ele sabia, de um jeito misterioso, que seria difícil explicar, que todas as coisas seriam ainda mais maravilhosas por terem, um dia, sido tão tristes.

E ele sabia então que o fim da história seria grande, e faria toda tristeza e lágrimas e todas as coisas parecerem exatamente como uma sombra, quando é perseguida pelo sol da manhã.

"Eu estou no caminho!" — disse Jesus. "Eu serei breve!"

João terminou o livro. Mas ele não escreveu: "O fim", porque, claro, é assim que as histórias terminam. (E este ainda não é o fim.)

Então, ao invés disso, ele escreveu: "Volte logo, Jesus!"

Que talvez esta seja uma nova maneira de dizer...

Continua...

Paráfrase de João 1.12,13

Para alguém que diz sim para Jesus
Para alguém que acredita no que Jesus disse
Para alguém que simplesmente vai estender
as mãos
Então Deus Dará a eles este maravilhoso
presente:

Nascer em uma nova vida, plena;
Ser como quem eles são realmente
Quem Deus sempre os fez ser
Sua verdadeira identidade
Os queridos filhos de Deus.

Porque, veja bem, a coisa mais maravilhosa sobre esta história é que — é a sua história também!